KB132009

세상을 읽는 새로운 언어, 빅데이터

세상을 읽는 새로운 언어, 빅데이터

삶을 바꾸고 미래를 혁신하는 빅데이터의 모든 것

서가명강 06

조성준 지음

서울대학교
산업공학과 교수

21세기북스

인문학
人文學, Humanities

언어학, 역사학, 종교학,
문학, 고고학, 미학, 철학

사회과학
社會科學, Social Science

경영학, 심리학, 법학, 정치학,
외교학, 경제학, 사회학

자연과학
自然科學, Natural Science

과학, 수학, 천문학,
물리학, 생물학,
화학, 의학

산업공학
産業工學,
Industrial Engineering

공학
工學, Engineering

기계공학, 전기공학, 컴퓨터공학,
재료공학, 건축공학, 산업공학

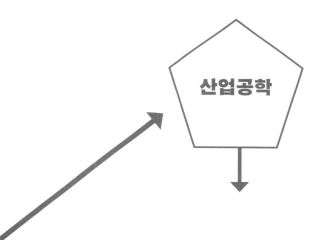

산업공학이란?
産業工學, Industrial Engineering

산업 시스템을 구성하는 모든 분야를 조화롭게 조정하는 방법을 탐구하는
학문이다. 다른 공학 분야가 특정 산업의 전문적 기술이나 원리를 연구
개발하고 제공한다면, 산업공학은 과학적 원리와 경영 전략을 접목하여
기업 업무 과정을 혁신하고 체계화하며, 합리적인 방법을 도출하고 종합적
경영 전략을 운영하는 과학적 이론과 실무적 기법을 다룬다. 급변하는 기술
환경에서 복잡한 시스템의 개별 구성 요소에 대한 지식은 물론, 각 구성
요소를 효율적으로 통합하여 시스템 전체에 대한 각종 의사결정을 지원하고
필요한 시점에 효과적인 서비스를 제공하기 위해 시스템의 설계, 설치 및
개선에 관여한다.

이 책을 읽기 전에 주요 키워드

데이터 사이언티스트(data scientist)

데이터를 분석해 인사이트를 도출하는 수리과학자로, 분석가라고 부르기도 한다. 많은 양의 데이터가 다양한 형태로 생성되는 오늘날에 더 중요해지고 있다. 대부분 통계학, 컴퓨터공학, 또는 산업공학을 전공한 사람들이다.

인사이트(insight)

사전적 의미로 흔히 '통찰력'이라고 풀이되지만, 이 책에서는 빅데이터를 통해 창출되는 지식을 의미한다. '안(in)'과 '보다(sight)'라는 의미가 결합된 단어로, '안을 본다'는 것은 엔지니어는 기계의 안을 보고 마케터는 소비자의 마음을 보고 의사는 환자의 몸속을 본다는 뜻이다. 이를 통해 한 단계 더 나은 의사결정을 하여 새롭거나 더 나은 가치를 만들 수 있다.

포사이트(foresight)

사전적 의미로 '예측'이라고 풀이된다. '앞(fore)'과 '보다(sight)'라는 의미가 결합된 단어로, '앞을 본다'는 뜻이다. 이 책에서는 빅데이터로부터 도출된 인사이트 가운데 특히 미래에 대한 부분을 포사이트라고 부른다.

애널리틱스(analytics)

빅데이터에서 인사이트를 도출할 때 사용하는 분석 방법이다. 크게 시각화, 연관분석, 클러스터링, 분류, 예측 등이 있고, 각각의 작업을 구현하는 방법론(알고리즘 또는 모델)은 수십, 수백 가지가 있다. 통계학, 머신러닝, 인공지능, 경영과학 분야에서 연구하고 있으며, 지금 이 순간에도 전 세계 데이터 사이언티스트들이 더 나은 새로운 방법을 계속 만들어내고 있다.

데이터마이닝(data mining)

애널리틱스 중 하나. 데이터 간의 관계, 패턴, 규칙 등을 찾아내고 모형화해 인사이트를 도출함으로써 사실에 근거한 객관적 의사결정을 가능하게 하는 일련의 계산 과정이다.

인공지능(AI, artificial intelligence)

주변 상황을 인지하고 목표 달성을 위해 계획이나 행동을 하는 컴퓨팅 기술. 인간이 시각과 청각 등으로 인지하는 형태의 데이터가 컴퓨터에 입력되면, 알파고처럼 바둑을 두고 자율주행 자동차처럼 운전을 할 수 있다.

머신러닝(machine learning)

인공지능을 구현하는 방법 중 하나. 기계학습이라고도 한다. 충분히 많은 양의 데이터를 반복적으로 컴퓨터에 입력하면, 컴퓨터가 데이터를 인지하고 학습하여 귀납적 추론을 가능하게 한다. 21세기 인공지능의 접근 방식이다.

신경망(neural network)

인간의 뇌는 약 1000억 개의 뉴런이 있고 각 뉴런은 약 7000개의 다른 뉴런과 시냅스로 연결되어 있는데, 우리가 무언가를 학습할 때 반복적 자극에 의해 시냅스의 연결이 강화된다. 신경망은 이 아이디어에서 착안해 컴퓨터 안에 뉴런과 시냅스로 구성된 뉴런의 망을 생성한 것으로, 데이터를 자극처럼 사용하여 운전이나 음성인식 같은 태스크를 할 수 있게 한다. 인공지능 혁명의 핵심 방법론인 딥러닝에서 복잡한 구조의 신경망을 사용한다.

최적화(optimization)

빅데이터를 분석하는 과정의 마지막 단계로, 빅데이터를 활용해 무엇이 왜 어떻게 일어나고 있는지 분석한 후 원하는 결과를 얻기 위해 무엇을 해야 하는지를 찾는 것이다. 고도의 수리와 계산 모델링을 포함한다. 경영과학 분야에서 오랫동안 연구 개발된 분야이다.

시각화(visualization)

데이터를 직관적으로 이해할 수 있게 그림으로 표현하는 애널리틱스의 주요 분야이자 첫 단계. 확보한 빅데이터가 내가 생각하는 데이터인지 검증할 때도 사용한다. 또, 다른 애널리틱스 방법으로 도출한 인사이트를 의사결정자에게 제시할 때에도 사용된다.

차례

1부 미래를 여는 기술, 빅데이터란 무엇인가

2부 더 나은 삶을 위한 빅데이터 사용법

"빅데이터는 인공지능 시대를 움직이는 새로운 자원이자 화폐다."

일상의 모든 것이 데이터가 되는 세상

현재 우리 사회를 달구는 가장 뜨거운 화두는 단연 '빅데이터'다. 그것의 실체와 위상에 대해서는 확실히 모를지라도 지금은 누구나 막연하게나마 '데이터'의 힘을 느끼고 있다.

나는 컴퓨터 사이언스 박사과정 때 인공지능AI, artificial intelligence을 만났고, 그에 매료되어 머신러닝machine learning을 공부했다. 공부를 시작할 때는 이 분야에 대한 인기가 그야말로 최고였는데, 막상 박사 졸업을 할 때에는 그 인기가 시들해졌다. 학습할 데이터가 없다는 문제와 컴퓨터가 '느려서' 학습하는 데 비현실적으로 시간이 오래 걸린다는 문제가 드러났기 때문이다. 결국 현실 적용이 어렵다고 판정되어 기업에서는 이 분야의 일자리가 전혀 생기지 않았다.

그러던 것이 10여 년 전부터 상황이 달라졌다. 사물인터넷IoT, internet of things 및 소셜미디어에서 발생하는 데이터가 폭발적으로 증가하고, 컴퓨터의 계산 능력 또한 획기적으로 향상되었으며, 이와 함께 머신러닝 알고리즘도 고도화되었다. 이로써 무덤에 들어가 있던 머신러닝이 완전히 부활하여 이제는 세상을 뒤흔들게 되었다. 덕분에 나는 수많은 공공기관 및 기업과 함께 빅데이터로 머신러닝을 하여 다양한 인사이트를 도출하는 경험을 하게 되었다. 이 책은 그와 같은 나의 경험을 많은 이들과 공유하고자 하는, 일종의 사회적 책무의 결과물이다.

21세기 초반에 살고 있는 우리는 앞으로 인공지능이 우리 삶에 커다란 변화를 불러일으킬 것이라는 데 의심하지 않는다. 인공지능은 컴퓨터가 빅데이터를 학습해서 지능적으로 행동하는 것이다. 따라서 빅데이터 없이 인공지능은 구현되지 못한다. 휘발유 없이 자동차가 움직이지 못하는 것과 같다. 그래서 데이터를 새로운 자원 또는 신新경제의 화폐라고도 한다.

빅데이터는 기계도 생성하지만 사실 우리 모두가 만들어내는 것이다. 휴대폰의 전원을 켜는 순간 우리의 위치 데이터가 생성되고, 통화와 문자 사용 내역이 데이터화되며, 차를 타서 내비게이션 앱을 켜는 순간부터 우리의 위치와 속도 데이터가 생성된다. 또한 주식 매매, 은행 입출금 모두가 데이터다.

그뿐인가. 구글과 네이버에 검색하는 단어, 페이스북에 올리는 사진과 '좋아요'를 누르는 패턴, 인스타그램에 올리는 사진과 해시태그 모두 데이터다. 각자 회사에서 생성하는 수많은 이메일과 문서도 모두 텍스트 데이터다. 이밖에도 병원 이용 내역, 마트 구매 내역, 온라인 쇼핑 내역 모두가 충분히 활용 가치 있는 데이터다.

그렇다면 이와 같은 일상에서 끊임없이 생성되는 데이터의 생산자로서 우리는 어떠한 주인의식을 가져야 할까? 빅데이터의 위상이 날로 커지는 미래 사회에서 우리의 권리를 확보하고 확장하기 위해 데이터 관련 규제를 만드는 정치인이나 공무원에게 우리는 어떤 의견을 개진해야 하는 것일까? 단순히 말해 더 많은 데이터가 활발히 사용되는 새로운 세상으로 진보하자고 할 것인가, 아니면 프라이버시 보호를 위해 과거 상태를 유지하자고 할 것인가.

그와 같은 결정을 하기 위해서는 무엇보다 빅데이터의

정확한 흐름을 이해해야 한다. 세세한 머신러닝 알고리즘은 모르더라도 데이터가 인공지능에 의해 인사이트가 되고, 기업과 공공기관이 이를 활용해서 세상이 돌아가는 방식을 혁명적으로 바꾸게 되는 이치를 이해할 필요가 있다.

이 책이 그에 대한 이해를 도와줄 것이다. 빅데이터가 무엇인지, 어디에서 생성되고 어떻게 보관되는지, 그리고 빅데이터를 우리는 어떠한 관점에서 바라보아야 하는지에 대한 기본적인 지식을 전해줄 것이다. 빅데이터와 인공지능의 관계, 즉 빅데이터가 인공지능 머신러닝의 재료이고 인공지능은 빅데이터를 의사결정에 절대적으로 필요한 인사이트로 변환해주는 도구라는, 이 둘의 떼려야 뗄 수 없는 관계를 이해하게 될 것이다.

빅데이터가 인사이트로 변환되는 과정, 이는 마치 식재료가 요리로 바뀌는 과정이나 마찬가지다. 독자들은 빅데이터를 통해 우리가 어떻게 인사이트를 도출하여 더 나은 의사결정을 하는지 구체적인 사례를 통해 보게 될 것이다. 온라인상의 소비자 목소리를 통해 고객의 욕망과 취향을 이해하고, 기업과 국가에 다가올 각종 리스크를 사전에 탐지하며, 세계 경제의 방향성을 모니터링하는 빅데이터의 능력을 감지하게 될 것이다.

이 책을 읽으면서 얻게 된 빅데이터에 대한 이해는 결국 빅데이터로 승부하는 세상에서 내가 어떻게 살아갈 것인지를 고민하는 기본 소양이 될 것이다. 부디 이 책이 독자 여러분들이 빅데이터가 열어갈 시대에 각자 삶의 주인으로서 당당한 미래를 만들어가는 데 작으나마 소중한 자원이 되기를 바란다. 끝으로 이 책의 토대가 된 '서가명강' 강연에 오셔서 좋은 질문을 던져주신 분들과 강연 내용을 원고로 편집해주신 21세기북스의 장보라 팀장님과 강지은 편집자 두 분께도 감사드린다.

2019년 8월
조성준

1부_____

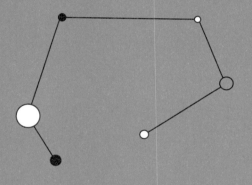

미래를 여는 기술,

빅데이터란 무엇인가

빅데이터는 요리 재료다. 다양한 재료가 대량으로 존재한다. 손님(의사결정자)이 요리사(데이터 사이언티스트)에게 무슨 요리(인사이트)를 먹고 싶은지 이야기하면, 요리사가 필요한 재료를 확보하고 요리를 만든다. 만약 손님이 원하는 요리를 요리사에게 이야기해주지 않으면 요리사는 적당히 상상해서 만든다. 하지만 이런 요리로는 손님을 만족시킬 수 없다. 따라서 의사결정자는 원하는 인사이트를 데이터 사이언티스트에게 정확히 알려줘야 한다.

모두가 빅데이터에
주목하는 이유

우리가 만드는 대량의 데이터

빅데이터의 특징은 우선 데이터의 양volume이 많다는 것이다. 그리고 실시간으로 발생하여 끊임없이 밀려들어오는 스트림 데이터stream data처럼 생성 속도velocity가 빠르며, 숫자와 같은 정형 데이터 이외에 텍스트, 이미지, 동영상 같은 비정형 데이터들이 다양하다variety는 것이다. 그래서 빅데이터는 이들 해당 영어 단어들의 첫 글자를 따서 'VVV', 즉 3V라고도 한다. 사실상 양, 속도, 다양성 모두 정보기술적인 측면에서는 매우 어려운 숙제인 셈인데, 컴퓨터과학자들의 끊임없는 노력 덕분에 현재는 빅데이터의 활용성이 높아지고 있다.

빅데이터의 세 가지 특징을 차례로 살펴보자. 먼저 데이터의 양이다. 데이터의 양이 많다고 할 때, 어느 정도가 많은 것인가? 이것은 상대적인 개념으로, 일반적으로 기존에 보유하고 있는 IT 기반 시설로는 감당하기 어려운 수준이면 많다고 한다. 데이터를 저장하는 새로운 방식이 필요하게 되는 것이다. 10년 전 빅데이터와 오늘날의 빅데이터는 절대적인 용량에서 차이가 난다. 물론 10년 후에는 지금보다 100배, 1000배 더 많은 데이터라 할지라도 어려움 없이 저장할 수 있을 것이다.

그렇다면 이 대량의 데이터는 주로 어디에서 많이 나오는가? 바로 우리의 일상생활에서 생성된다. 아침에 차를 몰고 출근할 때 내비게이션을 켜면 비교적 덜 막히는 길로 안내한다. 그리고 내 차가 움직이는 동선은 실시간으로 기록되어 데이터가 된다. 지하철이나 버스를 이용할 경우, 사용한 교통카드에 출발 지점과 도착 지점이 데이터로 기록된다. 회사에 도착해서 다음 주에 있을 경쟁 프레젠테이션을 위해 제안서를 파워포인트로 작성하면 사내 문서 데이터가 생성된다.

점심에 회사 앞 식당에서 식사를 하고 체크카드로 결제

하면 결제 시간과 금액 및 가맹점 코드 데이터가 신용카드사에 생성된다. 식사 후 휴식하면서 지난주에 매수한 주식이 10퍼센트나 오른 것을 확인하고는 곧바로 매도하여 100만 원을 벌었다면, 이때 증권사와 증권거래소에도 역시 데이터가 생성된다.

그리고 오후에 회사 앞 내과에 가서 기침이 한 달째 계속된다고 이야기하고 엑스레이로 확인한 후, 단순 기관지염으로 판정받고 약을 처방받았다면? 이제 병원 데이터베이스에는 나의 엑스레이 사진이 추가되었고, 건강보험공단에는 내가 기관지염이 있다는 사실과 함께 약 처방 데이터가 기록된다. 퇴근 후 친구와의 영화 관람을 위해 예매한 티켓 정보는 통신사와 카드사, 그리고 영화관에 나란히 데이터로 생성된다. 영화 관람 후 모빌리티 플랫폼 기업의 차량을 타고 집에 가면, 그 운영사에는 내가 언제 어디서 어디로 이동했는지에 대한 데이터가 생성된다. 우리의 일상이 모두 데이터화되는 것이다.

데이터 볼륨, 더 이상의 제한은 없다

일상의 데이터가 가장 많이 생성되는 곳은 정부와 공공기관이다. 누구든 태어나면 해야 하는 출생신고는 나와 부모 이름 쌍을 데이터로 생성한다. 전입신고를 통해 내가 살았던 집의 주소가 모두 기록되고, 남자에게는 군대 갈 때가 되었다는 사실을 정부가 친절히 알려준다. 어떤 방식으로 국방의 의무를 다했는지까지 평생 기록된다. 그리고 누구와 결혼했는지, 아이를 몇 명 낳았으며 그 아이들의 이름은 무엇인지 모두 정부에 데이터로 기록된다.

경제활동도 마찬가지다. 어떤 방식으로 얼마의 돈을 벌었는지 국세청에 신고하면 그에 따른 세금이 부과된다. 고의든 실수든 잘못 보고하면 추후에 발견되어 실수한 금액 이상이 청구된다. 이 또한 데이터화된다. 그리고 나의 주요한 생의 이동경로가 기록된다. 예컨대 출국한 날과 입국한 날, 사망일과 그에 대한 원인까지도 정확히 기록된다.

구글, 페이스북, 인스타그램의 소셜미디어에도 빅데이터가 넘쳐난다. 개인의 스마트폰이 빅데이터 생성기인 셈이다. 스마트폰을 켜는 순간 이 기기는 현재 사용자의 위치를 실시간으로 알려준다. 또 여기에 우리가 글을 쓰고 사진을 찍어 올리는 것 등이 모두 데이터가 된다. 그리고 구글이나 네이버 등을 통해 검색한 모든 것들이 전부 데이터가 된다. 즉 내가 찍은 사진, 내가 올린 글, 내가 검색한 단어, 이 모든 것들이 빅데이터가 된다. 여행 관련 서비스를 제공하는 사이트나 앱에 들어가면 수많은 사람들의 체험 댓글이 올라와 있는 것을 볼 수 있다. 이 또한 빅데이터다.

또 하나의 빅데이터 소스는 사물인터넷이다. 과거에는 컴퓨터 간의 연결망을 인터넷이라고 불렀는데, 이제는 사물에 센서만 부착하면 이들이 인터넷으로 모두 연결된다. 온도 센서, 습도 센서, 진동 센서, 가속기 센서, GPS 같은 위치 센서 등 우리 주변에는 수많은 센서가 있고, 그 모든 센서들이 사실상 '센서인터넷internet of sensor'으로서 유무선 인터넷으로 연결되어 한군데 모인다.

예컨대 땅이 넓은 미국에서는 농부들이 밭에 온도 및 습도 센서를 비행기로 뿌린다. 그러면 그 센서가 온도와 습도를 측정해서 무선인터넷으로 농부에게 보내고, 농부는 자기 방 안의 컴퓨터 스크린을 통해 실시간 정보를 체크하면서 물이 부족한 영역을 확인할 수 있다. 과거에는 넓은 밭 전체에 물을 뿌렸다면, 이제는 물이 부족하다고 확인된 부분만 물을 준다.

고속도로에 설치돼 있는 속도위반 감시 카메라 등의 각

종 기기들이 데이터를 생성하고, 생산 공장에 설치된 수만 개의 센서가 데이터를 생성한다. 이들 센서는 공정 과정의 정확한 상황, 즉 온도, 가스 농도, 압력, 전압 값들을 실시간으로 측정해서 데이터화한다.

이와 같은 데이터들은 실로 우리가 감당하기 힘들 정도의 양이 될 텐데, 그래서 빅데이터의 볼륨은 나날이 스케일이 커지고 있다. 10여 년 전만 해도 통신사의 2000만 명 고객 데이터를 분석할 때, 전체 고객 중 30만 명만 표본 추출해서 분석했다. 30만 명의 데이터 결과를 가지고 나머지 1970만 명도 마찬가지일 것이라고 추론하면 누구도 이의를 제기하지 않았다. 그런데 지금은 어떠한가?

빅데이터 분석을 할 때 소위 표본 추출을 하지 않는다. 30만 명이 아닌 2000만 명 전부를 분석한다. 샘플이 아닌 전수 조사가 가능해졌다. 이로 인한 장점은 고객들의 트렌드가 아닌 개별 고객에 대한 이해 및 예측이 가능하다는 것이다. 즉 개인화가 가능해졌다. 이렇듯 지금은 전체를 대상으로 무엇이든 들여다보고 분석할 수 있는 세상이다. 빅데이터 볼륨은 더 이상 제한이 없어졌다고 할 수 있다. 한마디로 볼륨은 극복되었다.

빅데이터의 생명은 '생성 속도'와 '다양성'

빅데이터의 두 번째 특징은 데이터의 생성 속도다. 데이터가 순식간에 발생하여 한꺼번에 밀려들어온다는 뜻이다.

예를 들면 고속도로를 운행 중인 수많은 차들 중 상당수가 내비게이션을 켜고 다닌다. 내비게이션의 기능은 단순히 길을 찾는 것 이외에도 실시간으로 교통 상황을 파악해서 빠른 길을 안내하는 것이다. 전방 5킬로미터에서 교통사고가 났을 경우 다른 길로 돌아갈 수 있도록 안내해준다. 그런데 어떻게 내비게이션은 5킬로미터 앞의 교통사고를 알 수 있는가?

서비스 제공업체는 우리 앞에서 달리는 차들의 위치를 실시간으로 받은 후, 단위 시간당 위치 변화와 속도를 계산하여 우리에게 알려준다. 내비게이션을 켜는 순간에 서비스 제공업체는 빅데이터 프로세싱을 하는 것이고, 우리는 그 서비스의 수혜자이면서 동시에 서비스의 원천이 되는 데이터의 제공자인 것이다. 즉 나는 지금 내가 시속 몇 킬로미터로 가는지를 내 뒤에 있는 차에게 알려주고 있는 셈이다. 그런데 업체 입장에서는 각자의 속도로 달리는 수많은 차들이 보내오는 실시간 데이터를 순식간에 처리해서 속도를 계산하고 알려줘야 한다. 여기서 중요한 것이 바로 '실시간'이고, 빅데이터의 두 번째 특징을 가능하게 하는 것이다.

빅데이터의 세 번째 특징은 데이터의 다양성이다. 과거에는 데이터라고 하면 숫자만을 의미했지만, 이제 문서나 이미지 같은 비정형 데이터가 훨씬 더 많이 생성된다. 예컨대 엑셀 프로그램을 열면 볼 수 있는 가로 세로 빼곡한 숫자의 행렬이 보통 우리가 이야기하던 데이터였다면, 이제는 그 데이터의 범주가 문서와 이미지, 동영상으로 확대되었다.

요즘은 영화를 보기 전에 먼저 본 사람들의 영화 평을 인터넷에서 확인한다. 평이 좋다고 하면 기대감을 갖고 영화를 보고, 안 좋다고 하면 아무래도 망설여진다. 물론 평점만 볼 수도 있지만 스토리라인은 어땠는지, 연기는 어땠는지, CG는 그럴듯했는지 등을 알려면 리뷰를 최소한 10~20개 정도는 읽어봐야 한다. 여타의 상품 평도 마찬가지다. 무수히 올라와 있는 각종 상품의 사용 후기는 제품 선택의 중요한 열쇠가 되고 있다. 또한 각 기관이나 기업에서는 지금 이 순간에도 엄청난 양의 서류를 작성하고 있다.

보고서, 기안서, 연설문 등 무수히 많은 데이터가 폭발하듯 생성되고 있다.

이미지 또한 많이 생성되고 모아진다. 앞에서 언급한 사물인터넷을 통해 정지된 카메라가 찍은 무수한 사진이 생성된다. 공항 같은 거대 공공시설에, 그리고 우리가 매일 이용하는 엘리베이터나 골목길에도 CCTV가 있어서 사진과 동영상이 만들어지고 있다. 중국은 CCTV를 통해 이미 거의 모든 국민들의 얼굴 이미지를 확보했다는 이야기가 돌고 있다.

카메라는 이동하기도 한다. 차량에 달린 블랙박스는 앞차와 뒤차뿐만 아니라 횡단보도를 건너는 행인도 찍는다. 의도하지 않아도 불법 주정차나 타인들 간의 교통사고까지 내 차량에 달린 블랙박스가 찍어버리는 것이다. 또한 스마트폰에 설치된 카메라를 가지고 우리는 일상을 계속 기록하고 공유한다. 풍경을 찍고, 재미있는 광경을 찍고, 친구들과의 모임 자리를 찍고는 이것을 곧바로 페이스북이나 인스타그램에 올린다.

데이터의 다양성은 대상에도 적용된다. 다양화된 대상은 크게 자연 현상, 기계 공정, 그리고 인간의 행동 데이터로 나누어볼 수 있다. 일단 사람은 여러 종류의 데이터를 생성한다. 우리는 회사에 나가 일도 하고, 쇼핑도 하고, 투표도 하며, 블로깅도 한다. 환자가 되어 병원에 가기도 하고, 누군가의 연인이나 친구가 되기도 한다. 게다가 몇몇은 범죄도 저지른다. 그런데 이처럼 행동만 데이터화되는 것이 아니다. 심지어 우리의 생각도 데이터화할 수 있다. 뇌파 데이터로부터 지금 이 순간에 우리가 제대로 집중하고 있는지 아니면 그저 꾸벅꾸벅 졸고 있는지, 또는 진실을 말하는지 거짓을 말하는지, 대체 무슨 생각을 하는지 등을 알아내는 연구가 지금도 활발하게 이루어지고 있다.

인간관계까지 볼 수 있는 '숫자 데이터'

숫자 데이터를 좀 더 살펴보자. 우리가 신용카드를 사용하면 사용 날짜와 시간, 금액, 장소가 기록된다. 장소는 그곳이 식당인지 백화점인지 항공사인지 호텔인지가 숫자인 가맹점 코드로 기록된다. 숫자 데이터가 가장 활발한 영역이 주식 시장이다. 주식은 주인이 바뀔 때마다 누가 얼마에 샀는지 모든 것이 기록된다. 전 세계 주식 시장의 모든 주식종목, 선물옵션, ETF, 채권 등의 데이터가 기록되는데,

흥미롭게도 이 금융 데이터는 누구라도 돈만 주면 살 수 있다. 블룸버그처럼 이러한 데이터를 모으고 정리하고 가공하여 재판매하는 회사들도 많다.

그리고 현금자동입출금기ATM에서 인출하면 예금주, 금액, 장소가 모두 기록되고, 월마트나 아마존 등을 이용하면 언제 무엇을 샀는지도 모두 기록된다. 사실상 아마존은 구매 내역뿐만 아니라 특정 상품을 들여다본 시간도 기록한다. 특정 상품의 화면에 오래 머물고 있다면 고객이 지금 구매를 망설이고 있는 것으로 판단해서 실시간으로 해당 상품에 대한 프로모션을 할 수도 있는 것이다. 또한 이런 행동이 반복된다면 살그머니 적극적 추천도 할 수 있다. 열심히 들여다보았으나 구매로 이어지지 않았다는 것이 전부 데이터로 남기 때문이다.

월마트나 이마트는 어떠한가? 우리가 카트를 끌고 맥주 앞에서 한참 고민하다가 사지 않고 그냥 지나갔다면, 그것은 아직까지는 나만 아는 사실이다. 그런데 만약 카트에 센서를 달게 되면 그때부터는 고객이 맥주 매대 앞에서 얼마나 오래 머물렀는지 측정하는 일이 가능해진다. 그렇다면 그 머물고 떠난 존재가 누구인지 어떻게 알 수 있는 걸까?

카트에 달려 있는 조그마한 기기에 해당 고객이 본인의 포인트 카드를 삽입하면 가능하다. 물론 이를 유도하기 위해 카트에 달린 LCD 패널을 통해 개인화된 쿠폰을 제공할 수 있다. 더블 포인트 제공도 가능하다. 카트를 끄는 고객이 누구인지 알게 되면 그가 구매한 상품들과 연결되고, 그가 과거에 샀던 상품들과도 연결시킬 수 있다.

마트에서 우리가 물건을 계산할 때 포인트 카드를 두고 왔더라도 휴대폰 번호만 제시하면 친절하게 포인트를 적립해주는 이유도 마찬가지다. 데이터가 아무리 많아도 이것들은 서로 연결돼야만 데이터로서의 가치를 갖는다. 구슬이 서 말이라도 꿰어야만 보배가 되는 것이다.

휴대폰 사용 내역이 수치화되는 것은 물론이고, 스마트 TV도 마찬가지여서 우리에게 맞춤형 채널을 추천해주기도 한다. 자동차에도 센서가 달려 있고, 병원에서도 환자들에게 각종 기기를 꽂아서 맥박이나 혈압 등이 전부 숫자 데이터로 전환된다. 또한 요즘 어디서나 볼 수 있는 시스템 에어컨(천장에서 찬바람과 더운 바람이 나오는 에어컨)의 경우는, 각 실내기를 언제 켜고 껐는지, 몇 도로 세팅했고 실제 온도는 몇 도인지가 모두 기록된다.

일본의 건설 장비업체 고마츠는 건설 현장에서 사용되는 굴삭기에도 센서를 달아 판매하는데, 이상이 생기면 유지 보수를 해줌으로써 소비자들의 좋은 반응을 얻고 있다. 그런데 이와 같은 센서를 이용해서 고마츠는 다른 정보도 획득한다. 전 세계에 팔린 고마츠 굴삭기가 10만 대 정도 되는데, 여기에도 GPS가 있어서 판매된 모든 굴삭기가 언제 어느 정도 이용되는지 현황을 파악할 수 있다. 가령 지금 시베리아 쪽에서는 하루에 열 시간씩 일한다는 것, 중국에서는 밤낮 없이 기사를 바꿔가면서 24시간씩 일한다는 것, 한국에서는 주로 쉬고 있다는 것 등을 모두 파악한다. 이로써 전 세계의 건설 경기 현황을 간접적으로 들여다볼 수 있는 것이다. 지금은 수많은 산업현장에서 그야말로 모든 것이 수치로 데이터화되고 있다.

사람과 사람 사이의 관계도 숫자 데이터가 된다. 우리에겐 가족과 직장 동료와 친구들이 있다. 그리고 친구들 중에는 아주 가까운 친구부터 약간 가까운 친구, 가끔 만나는 친구가 있다. 그런데 두 사람 사이가 얼마나 가까운지는 추상적이며 애매하다. 나의 머릿속에서만 어렴풋이 존재하는 것이다. 그것이 지금은 숫자로 데이터화된다. 전화, 문자, 친구 맺기, 팔로잉 덕분이다. 이들 기기나 서비스를 통해 얼마나 자주 교류하는가에 따라 관계의 강도를 객관적으로 측정할 수 있다.

만약 한 번도 만난 적 없고 이야기한 적도 없고 통화한 적도 없다면, 둘 사이의 연결은 없다. 반면 매일 통화하고 문자하고 이메일을 주고받는 가족이나 동료라면, 이들의 관계는 매우 친밀하다. 친밀의 정도는 교류 횟수라는 숫자로 표현될 수 있다. 전 국민, 아니 전 세계 사람들 간의 친밀 관계를 정량화한 것을 소셜네트워크라고 한다. 과거부터 소셜네트워크는 사회학의 연구 대상이었으나, 예전에는 소규모 대상의 서베이 등을 통해 분석을 했다면, 이제는 수억 명의 정량화된 관계를 가지고 연구할 수 있게 되었다.

인간관계가 넓은 소위 마당발들은 실제로 소셜미디어 상에서 수백, 수천 명 정도의 사람과 소통한다는 것을 확인할 수 있다. 인플루언서란 소셜미디어상에서 팔로어 수가 많은 이들을 지칭하는데, 각자의 영향력도 숫자로 표시되므로 이들에 대한 순위도 매길 수 있다.

소셜미디어를 점령한 '텍스트 데이터'

소셜미디어에 표출된 소비자의 의견은 모두 텍스트 데이터다. 예전에는 물건 구입 후 만족감을 친구나 가족 정도에게만 이야기했지만, 이제는 누구나 들을 수 있게 소셜미디어에 살짝 과장해서 글을 올린다.

해외여행을 갈 때 숙소를 검색하기 좋은 앱들이 있는데, 여기에는 수많은 여행자들이 해당 숙소에 대한 평을 적어놓았다. 그들이 남긴 조식 및 객실 상태, 서비스 수준같이 호텔 서비스에 대한 다양한 평가를 기반으로 소비자는 원하는 숙소를 찾아서 선택하게 된다. 그런데 정작 그 평점을 봐야 하는 사람은 호텔 오너나 매니저일 것이다. 왜 평점이 낮은지, 그렇다면 고객이 원하는 서비스는 무엇인지를 사람들의 글을 통해서 힌트를 얻을 수 있기 때문이다.

우리가 많이 사용하는 문자메시지, 카카오톡, 밴드와 블로그, 트위터, 페이스북, 인스타그램 해시태그 등이 모두 텍스트다. 또한 제품 서비스에 대한 AS 내역도 텍스트다. AS 센터에서는 기기의 이상 증상, 교체 부품, 향후 상태, 시리얼넘버 등 모든 것을 기록하는데 이것들이 향후 품질 향상의 밑거름이 될 수 있는 좋은 데이터 재료가 된다. 공정

중에 엔지니어들이 실시간으로 기록하는 기기의 문제점이나 이상 상황에 대한 간단한 메모들도 활용 가치가 높은 텍스트 데이터다.

콜센터의 상담전화 내용은 음성이지만, 음성을 텍스트로 변환해주는 기술STT, speech to text 이 좋은 요즘에는 이를 텍스트로 확보할 수 있다. 콜센터에 전화하는 고객 대부분이 사용 중인 제품에 문제가 있어 전화한다. 따라서 어느 정도는 기분이 안 좋은 상태일 것이다. 그런데 전화연결이 지연되기라도 하면 상당히 화가 난 상태에서 상담원과 통화하게 된다. 상담원과의 통화 내용은 전부 녹취되고 이후에 소위 문제가 되는 몇몇 고객의 통화 내용은 윗사람들이 듣기도 한다. 그런데 통화 내용을 컴퓨터가 실시간으로 들을 수는 없을까? 컴퓨터가 듣고 지금 이 고객은 불만이 많아 서비스 이용을 중단하고 이탈할 것 같다고 판단할 수 있으면 그에 대한 대책을 실시간으로 세울 수 있을 것이다.

전문가들이 만든 텍스트는 더욱 유용하다. 우리가 의사에게 증상을 열심히 설명할 때, 의사는 환자를 쳐다보지 않고 컴퓨터만 바라본다. 컴퓨터에 입력하기 위해서다. 즉, 증상은 의사에 의해 텍스트화된다. 그리고 검사 결과도 역시 숫자와 텍스트 데이터이고, 진단과 처방도 텍스트 데이터다. 병원에서 발생하는 많은 데이터가 텍스트 형태다. 제조 공정을 관리하는 엔지니어들의 경우도 마찬가지다. 엔지니어들이 수행하는 검사의 결과는 보통 숫자가 일부 포함된 텍스트다.

주요 정치인이나 경제인의 연설문도 중요한 텍스트 형태의 데이터다. 미국의 향후 금리 방향성은 매우 중요한 경제 이슈다. 미국이 금리를 올릴 것이지 내릴 것이지, 아니면 그대로 유지할 것인지 등이 관심 있는 주제인데, 그에 대한 힌트가 바로 미국의 연방공개시장위원회FOMC 위원들의 연설문에 들어 있다. FOMC 위원들이 1년에만 수십 건의 연설을 하는데, 이 텍스트를 분석하여 자주 사용한 단어, 갑자기 등장한 단어, 말의 뉘앙스 등을 살펴보면 이들이 현재 경제 상황과 미래를 어떻게 바라보는지를 알 수 있다.

개별 기업의 실적 발표 직후 열리는 실적 컨퍼런스콜에서의 대화 내용도 중요한 정보 소스다. 투자 분석가들이 어떤 질문을 하는지, 또 회사 대표들이 이에 대해 어떻게 응대하는지 모두 텍스트 데이터에 담겨 있다. 이를 분석하면 투자자가 바라보는 회사의 미래가 밝은지 어두운지, 경영

진은 이에 대해 어떻게 생각하는지를 객관화해서 자동으로 알아낼 수 있다.

방탄소년단을 불러오는 '이미지 데이터'

다음은 이미지 데이터다. 여기 군중 사진이 한 장 있다면 컴퓨터는 그 사진 속 군중의 얼굴을 정확히 감별해내서 혹시 있을지 모르는 지명 수배자를 찾아내기도 한다. 사진 속에 있는 사람들의 얼굴만 인식하여 영역을 지정하고, 각 영역 내 얼굴을 기존에 확보해놓은 수백 명의 수배자 얼굴 이미지 데이터와 하나씩 비교하면 수배자를 놓치지 않고 찾아낼 수 있다.

친구들과 같이 있는 모습을 사진으로 찍어 올리면 페이스북은 친절하게도 친구들 이름을 얼굴 옆에 입력해준다. 이미지 자동 태깅이라고 하는데, 이미 페이스북이 친구들의 얼굴과 이름 쌍에 대한 데이터를 확보하고 있기 때문에 가능한 것이다. 사용자가 페이스북 화면에 등장하는 친구의 사진에 이름을 입력해놓았기 때문에 그것을 가지고 학습한 결과다.

구글은 구글 포토라는 사진을 저장할 수 있는 무료 클라우드cloud 서비스를 제공한다. 각자의 휴대폰과 연동해놓으면 내가 찍은 모든 사진이 구글 포토에 안전하게 보관된다. 앞서 언급했듯이 중국 정부는 전 국민의 얼굴 사진을 확보한 것으로 알려졌는데, 인도는 실제로 세계에서 가장 큰 홍채 데이터베이스를 가지고 있다. 문맹률이 높은 인도에서는 극빈자들에게 지급하는 정부 보조금을 중간에 누군가가 신분증을 도용해 대신 받아 가는 문제가 있었다. 이를 막기 위해 인도 정부가 나서 전 국민의 홍채 사진을 확보해 신분증에 넣었고, 홍채가 확인되어야만 보조금을 지급하도록 한 것이다.

또한 의료 분야에서도 이미지 데이터는 무한 생성된다. 전국의 각 병의원에서는 엑스레이가 찍히고, 고가의 CT, MRI 영상도 많이 생성된다. 이외에도 관절염이나 치매 환자의 진단을 위해 걷기와 같은 단순한 동작을 하게 하고 이를 촬영하기도 한다.

이미지는 산업 현장에서도 많이 발생한다. 특히 품질 검사에 이미지는 많이 사용된다. 불량품을 분류해내기도 하는데, 예컨대 반도체 웨이퍼 사진에서 불량이 어느 위치에 어떤 모양으로 발생했는지는 중요한 정보다. 가장자리에 발생했는지, 가운데에 발생했는지, 줄 형태를 가지고 있는 지에 따라 무엇이 잘못됐는지를 엔지니어들이 판단한다.

그리고 이미지가 연속으로 모여 있는 데이터가 바로 동영상이다. 오늘날 동영상이 제일 많은 소셜미디어는 유튜브다. 수백억 개의 동영상 중에 어떤 것이 방탄소년단의 노래를 팬들이 따라 부른 것인지 찾는 것도 순식간에 할 수 있다.

모든 것은 숫자로 바뀌어야 데이터가 된다

빅데이터는 숫자, 텍스트, 이미지가 따로 활용되는 것이 일반적이지만, 이들을 동시에 분석할 수도 있다. 은행에 가서 대출을 받으려면 대출 신청서를 작성하게 되는데 거기에는 나이, 직업, 재산, 연봉, 기존 대출 내역 등의 정보를 써넣어야 한다. 은행은 그렇게 신청서에 기록된 개인정보를 가지고 대출 여부를 결정한다. 이때의 데이터는 주로 숫자 데이터다. 그런데 핀테크^{fintech}가 발달한 미국에서는 그와 같은 기존 정보에 더해 신청자의 소셜 커뮤니티도 살핀다. 신청자가 페이스북이나 트위터, 인스타그램에 올리는 글과 사진, 그가 팔로우하는 사람들, '좋아요'를 누르는 패턴

등 그 사람의 행태까지 함께 심사하는 것이다. 즉 텍스트와 이미지를 기존 숫자 데이터에 추가하여 분석하는 것이다.

심지어 미국의 어떤 은행은 대출받는 이유를 글로 쓰게 하고 그 글에 등장하는 단어를 분석해 대출 신청자가 돈을 잘 갚을 사람인지, 못 갚을 사람인지를 추정한다. 해당 은행이 발견한 인사이트는 다음과 같다. 대출금을 잘 갚는 사람들은 '금리', '금리 차이' 등의 단어를 많이 사용했고, 잘 갚지 못하는 사람들은 '절대로', '죽어도', '반드시', '하나님께 맹세'와 같은 단어나 구문들을 많이 사용했다. 약속을 지키지 못하는 사람들이 어떻게라도 대출을 받으려고 과장된 모습을 보인 것이다.

그런데 이와 같은 이미지 데이터와 텍스트 데이터는 사실상 컴퓨터가 처리하기 전에 전부 숫자로 변환된다. 컴퓨터는 이 세상에 있는 모든 단어와 이미지를 숫자로 바꿔준다. 사용된 단어가 의미적으로 가까운 개념의 단어들로 숫자 코드가 유사하다면 추후 분석을 할 때에 유용하게 사용될 수 있다. 예를 들어 '아버지'와 '아빠'에 대응되는 숫자 코드는 서로 유사한 값을 갖고, '아버지'와 '우주선'에 대응되는 숫자 코드는 매우 다른 값을 갖는 것이다.

무한한 가능성의 시작

IT의 선물, 빅데이터를 활용한다는 것

그런데 최근 들어 빅데이터가 왜 많이 이야기되고 있는 걸까? IT의 발전으로 인해 비로소 빅데이터의 저장과 분석이 가능해졌기 때문이다. 데이터의 분산화와 계산의 병렬화라는, 과거에는 불가능하던 일이 가능해진 것이다.

분산화라는 것은 데이터를 한군데에 모아두지 않고 여러 군데에 흩어져 있는 저가의 컴퓨터에 분산 저장하는 것을 말한다. 그것을 클라우드라고 한다. 네이버클라우드나 아이클라우드 등이 모두 클라우드 서비스다. 클라우드라는 것은 나의 데이터가 복사돼서 나도 모르는 어딘가에 저장된다는 것이다. 페이스북에 사진을 한 장 올리면 두 장

더 복사되어 '어딘가'에 있는 클라우드에 저장된다. 복사하는 이유는 사진을 저장하는 컴퓨터가 저가의 불안전한 기계이므로 백업을 하는 것이다. 과거 조선왕조실록을 복사해서 여러 곳에 나누어 보관한 것과 마찬가지 이치다.

병렬화라는 것은 컴퓨터의 뇌에 해당하는 CPU를 100개, 1000개 이상 동시에 일을 시킨다는 것이다. 즉 일을 나눠서 하는 것인데, 예를 들어 1부터 1만까지 더할 때 하나의 CPU가 1부터 100까지 더하면 다른 CPU는 101부터 200까지 더한다. 이런 식으로 일을 100대가 나누어서 하면 계산하는 시간을 100분의 1로 단축할 수 있다. 이렇게 병렬화를 함으로써 빅데이터 분석에 드는 시간을 획기적으로 줄이는 것이다.

정리하자면 "빅데이터는 양, 속도, 다양성이다"라는 말의 뜻은 이렇다. "데이터가 커도 괜찮아, 빨리 생성돼도 괜찮아, 다양한 데이터도 괜찮아, 난 뭐든지 할 수 있어!"라고 IT 전문가들이 외치는 것이다. 그리하여 IT 전문가들은 이제 우리 모두에게 엄청난 빅데이터 기회를 주고 있다. 이들의 고군분투의 결과물을 어떤 과실로 만드느냐 하는 것은 결국 우리 손에 달린 것이다.

전화기이자 컴퓨터인 스마트폰이 우리나라에 등장한 지도 어느덧 10년이 되었다. 이제는 전 국민이 들고 다니는 스마트폰으로 인해 얼마나 많은 것이 변했는가? 또한 세상의 많은 정보가 웹 사이트라는 곳에 올라오고 누구든지 컴퓨터만 있으면 그 정보에 접근할 수 있는 월드와이드웹world wide web이 등장한 지 대략 20년이 조금 더 지났는데, 이를 통해 얼마나 많은 것이 변했는가? 이제 우리는 월드와이드웹과 스마트폰이 없는 세상은 상상할 수 없게 되었다. 빅데이터가 가지고 올 변화의 크기는 바로 이런 수준이다. 완전히 새로운 세상으로 우리를 안내하는 것이다.

이제 우리는 새로운 관점을 가져야 한다. 양, 속도, 다양성의 관점이 아닌 비즈니스적인 관점에서 빅데이터를 볼 필요가 있다. 기업에서는 빅데이터로 어떻게 새로운 사업을 만들고, 고객과 소통하고, 매출을 늘리고, 비용을 줄이며, 직원들을 적재적소에 배치하고, 리스크를 최소화할지 깊이 고민해야 한다. 그리고 공공기관은 어떻게 국민들의 마음을 읽고, 비용 대비 효과가 높은 고효율 정책을 시행할 수 있을지 생각해야 한다.

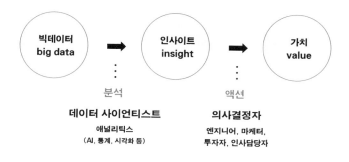

빅데이터 → 인사이트 → 가치

분석과 액션을 통해 가치를 창출하는 빅데이터

위 그림은 비즈니스적 관점에서 데이터의 가치를 바라보는 것을 나타낸 그림이다. 데이터 사이언티스트^{data scientist}는 분석가를 뜻하고, 의사결정자^{decision makers}는 현업에 있는 실무 담당자를 뜻한다. 이를 보면 빅데이터는 분석이라는 과정을 통해서 인사이트로 바뀌고 인사이트는 액션을 통해서 가치를 창출함을 알 수 있다.

여기서 인사이트는 사전상 '통찰력'이라고 번역된다. 그냥 영어로 보면 인사이트란 말은 'in'과 'sight'의 결합으로 '안을 본다'는 뜻이다. 그 '안'은 보는 이의 관심에 따라 달라진다. 소비자나 고객에게 관심이 있는 판매자라면 고객의 마음속을 본다는 뜻이다. 고객이 무슨 생각을 하는지, 즉 해당 제품에 대해 어떻게 생각하는지, 왜 이 제품을 구매하는지 또는 구매하지 않는지를 아는 것이 인사이트다. 기계 장비에 관심이 있는 엔지니어에게는 기계 장비 안에서 벌어지는 일이 보인다는 의미다. 품질이 나쁜 제품이 나올 때 그 안에서 어떤 일이 일어난 것인지, 특정 부품의 수명이 얼마나 남았는지 보인다는 뜻이다.

데이터로부터 특정한 인사이트를 도출하는 과정을 분석이라고 하고, 이때 분석을 실행하는 주체가 데이터 사이언티스트다. 이들이 분석에 활용하는 방법을 애널리틱스라고 하는데, 여기에는 요즘 많이 이야기되는 인공지능, 머신러닝, 데이터마이닝data mining, 통계, 시각화, 최적화 등이 있다.

그러면 소비자의 마음속을 보고, 기계 장비 속을 본다면 이를 통해 어떤 가치를 만들어낼 수 있을까? 소비자가 원하는 가격대의 제품을 추천할 수도 있고, 기계 장비의 노후된 부품을 미리 알아차리고 고장 나기 전에 교체할 수도 있다. 새로운 사업 기회를 만들거나 리스크를 최소화할 수도

있다. 바로 이렇게 인사이트로 비즈니스 가치를 만들어낼
수 있다.

그렇다면 누가 이러한 가치를 만들어내는가? 바로 비즈
니스 의사결정자다. 기업의 임직원들로서 현업이라고도
불리는 사람들이다. 신상품 개발, 마케팅, 영업, 생산, 재무,
HR, 총무 분야에서 일을 하는 기업 내 모든 사람들이다.
예를 들어 데이터 사이언티스트가 "#7692 고객이 지금 이
물건에 꽂혀 있으니 얼른 가봐. 5퍼센트만 할인해주면 곧
바로 살 거야"라는 인사이트를 주면, 그 고객에게 가서 물
건을 보여주고 할인된 가격을 제시하는 영업부 직원이 의
사결정자다. 데이터 사이언티스트가 "저 #247 장비의 모
터가 수상해 아마도 한 달 안에 고장 날 거야"라는 인사이
트를 주면, 곧바로 부품을 교체하는 생산부의 엔지니어가
의사결정자다. 이들의 행동을 비즈니스 액션이라고 한다.

실제로는 현재 국내 기업이나 공공기관에 데이터 사이
언티스트가 거의 없으므로 대부분의 임직원이 의사결정자
라고 할 수 있다.

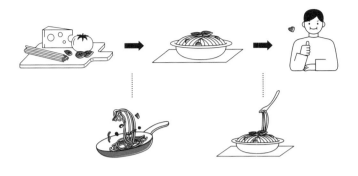

식재료는 요리사의 조리 과정을 거쳐 요리가 된다. 고객은 그 요리를 먹고 행복이라는 가치를 얻는다.

고객의 만족도를 높이는 법

데이터가 최종적으로 창출하는 가치를 조금 더 자세히 들여다보자. 그것은 무엇일까? 기업의 경우에는 매출 증대, 비용 절감, 수익 증대 같은 금전적 가치와 소비자 만족, 리스크 감소 같은 비금전적 가치가 있다. 공공기관이라면 인사이트가 있는 정책을 펼침으로써 얻어지는 국민의 안전, 행복, 또는 안심 등의 비금전적 가치일 것이다. 물론 공공기관도 비용 절감을 통해 금전적 가치를 창출할 수 있다.

금전적이든 비금전적이든 누군가가 아쉬워하는 것을 해결해주는 것도 가치 창출이라고 볼 수 있다.

앞의 그림은 파스타 재료를 셰프가 조리하여 파스타를 만들고, 이를 식당 고객이 먹음으로써 만족을 얻는 모습을 보여주고 있다. 우리는 보통 셰프의 '조리'에 중심을 두지만, 이것 못지않게 중요한 것은 누군가가 만들어놓은 파스타를 먹고 '만족'하는 것이다. 그래야만 의미가 있다. 여기서 식재료는 빅데이터로, 조리는 애널리틱스로, 셰프는 데이터 사이언티스트로 볼 수 있다. 그리고 파스타는 인사이트로, 먹는 행위는 비즈니스 액션으로, 식당 고객은 의사결정자로, 만족은 비즈니스 가치로 바꿀 수 있다.

그런데 데이터가 인사이트를 주는 것이라면 데이터가 없던 시절에는 어떻게 의사결정이 가능했을까? 사실 지금도 대부분의 경우는 데이터를 보지 않은 상태에서 의사결정을 하지 않는가? 그렇다면 그게 어떻게 가능한 걸까? 엔지니어들은 대학에서 소위 4대 역학(열역학, 동력학, 유체역학, 고체역학)을 배운다. 이를 통해 기계 장비의 기본 작동 원리를 이해한다. 온도가 올라가거나 압력이 내려가면 각각 어떤 현상이 일어나는지에 대한 인사이트를 이론적으로 이해하는 것이다. 마케터는 대학에서 심리학을 배운다. 이를 통해 누구에게 언제 어떠한 메시지를 제시하면 해당 제품을 사게 되는지 이론적으로 이해하고 있다.

엔지니어나 마케터나 현장에서 10년, 20년 일하면 실전 경험까지 생겨 이를 통해 높은 수준의 인사이트를 갖게 된다. 게다가 이들 가운데에는 남에게 없는 특별한 감inspiration을 가지고 있는 사람들이 있다. 이 또한 인사이트의 중요한 소스source다. 종합해보면 데이터는 전문가들의 이론적 이해, 경험 및 노하우, 그리고 감에 끼어드는 셈이다.

김치의 역사에서도 비슷한 일이 일어났다. 우리나라에서 김치는 최소한 삼국시대부터 만들어 먹었다는 기록이 있다. 그런데 김치의 가장 중요한 재료인 고추를 생각해보자. 고추는 아메리카가 원산지다. 콜럼버스가 아메리카에서 고추를 가져다가 유럽으로 전파했고, 유럽에서 포르투갈 상인을 통해 일본을 거쳐 우리나라에 들어왔다. 그러니까 우리나라에서는 17세기 임진왜란 이후에야 등장한 것이다. 즉 그전까지는 지금과 달리 고추가 없는 백김치만 존재했다. 우리 김치의 오랜 역사에서 빨갛게 매운 김치를 먹은 것은 정말 '최근'의 일인 것이다. 그러나 이제는 김치 하면 고추를 연상할 정도로 가장 중요한 요소가 되었다. 이 또한 데이터 기반의 인사이트라 할 수 있는 것이다.

요리의 질을 높이는 데이터 기반의 인사이트

그렇다면 데이터 기반의 인사이트에는 어떤 특징이 있을까?

첫 번째 특징은 객관적이라는 것이다. 동일한 이론을 배우고 비슷한 경력과 감을 가지고 있는 전문가들도 다른 인사이트를 가진다. 가장 쉬운 예로, 병원에서 수술을 권고받으면 항상 다른 의사의 의견을 구해보라고 하지 않는가? 그것은 최고 수준의 전문가들도 각자의 경험이 조금씩 달라서 주관적인 인사이트를 가지고 있다는 것이다. 기존 인사이트 소스에 데이터가 더해짐으로써 인사이트의 품질이 좋아질 수 있다.

두 번째 특징은 대상의 개인화가 가능하다는 것이다. 예를 들어 차량의 엔진오일은 5000킬로미터 주행 시 또는 6개월에 한 번씩 교환하라고 하는데, 실제로 교환할 때 좀 아깝다는 생각이 든 적은 없는가? 나는 주말에만 타고 고속도로에서 정속주행만 하기 때문에 오일이 아직 쓸 만하다고 생각되지는 않는가? 그런데 무조건 바꿔야 하는 이유는 무엇일까? 물론 차량마다 상태는 다 다르다. 그러나 이를 확인할 방법이 없으므로 동일한 규칙을 적용하는 것이다. 50세 이상은 매년 건강 검진하는 것이 좋다고 말하는 이유도 마찬가지다.

그러나 센서를 통해 엔진 내부의 상태를 데이터화하거나 몸속의 상태를 데이터화할 수 있다면, 개인화된 서비스가 가능해진다. 어떤 차는 4000킬로미터에서 교환하라고 하고, 어떤 차는 6000킬로미터에서 교환하라고 개인에게 문자 알림을 할 수 있는 것이다.

세 번째 특징은 24시간 연속적 모니터링이 가능하다는 점이다. 사람은 잠도 자야 하고 식사도 해야 하고 휴식도 해야 하지만, 빅데이터로 만든 인사이트 '기계'는 365일 24시간 1초도 쉬거나 한눈팔지 않는다. 카드 결제의 내역 전수에 대해 사기fraud 거래 가능성 점수를 계산할 수 있는 것이다. 그래서 이 가운데 90점이 넘는 거래가 등장하면 그때서야 사람에게 심도 있는 조사를 하라고 요청한다. 마찬가지로 24시간 돌아가는 생산 기계 장비에 대해서도 365일 24시간 1초도 쉬거나 한눈팔지 않고 이상 상태 가능성 점수를 계산한다. 그리고 어느 일정 수준이 넘으면 엔지니어에게 알람을 울려서 검토를 요청한다.

결국 데이터 기반의 인사이트는 기존 방법 기반의 인사이트에 비해 품질이 더 좋다는 것이다. 요리의 품질이 향상되어서 그것을 먹은 고객의 만족도가 더 높아지는 것처럼 말이다.

빅데이터를 요리하는 단계

데이터 사이언티스트가 사용하는 분석 방법을 애널리틱스라고 부르는데, 이와 유사한 이름의 분석 방법들이 있다. 데이터마이닝, 어드밴스드advanced 애널리틱스, 프리딕티브predictive 애널리틱스 등이 그것이다. 애널리틱스에 'advanced'를 붙인 것은 특정 기업이 임의로 만들어 붙인 것이고, 'predictive', 즉 예측 애널리틱스도 애널리틱스의 한 종류로서 다음에 언급할 분석 가치 에스컬레이터analytic value escalator 중 3단계인 '분석'만을 꼭 집어 언급한 것이다. 애널리틱스는 또한 인공지능, 머신러닝, 패턴인식이라고도 부른다.

물론 엄밀히 말하면 강조점이나 접근 방법 면에서 조금씩은 다르지만 의사결정자 입장에서는 굳이 구별할 필요

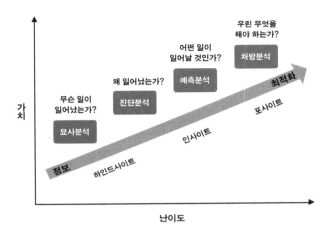

IT 분야 컨설팅 회사 가트너의 분석 가치 에스컬레이터

가 없다. 애널리틱스의 구체적인 방법론으로 들어가면 수십 가지 종류가 있다. 크게 보면 통계학 기반, 데이터베이스 기반, 머신러닝 기반, 패턴인식 기반 등이 있다.

그럼 본격적으로 조리하는 방법, 그 과정에 대해 개괄적인 이해를 해보도록 하자. 위 그래프는 가트너라는 IT 컨설팅 회사가 분석을 4단계로 정리한 것인데, 아주 쉽고 깔끔하게 정리한 것이라서 소개한다. 가로축은 분석이 얼마나 어려운가를 나타내고, 세로축은 분석으로 인해 우리가 어느 정도의 가치를 얻을 수 있는가를 나타낸다. 이 가운데 앞의 3개 단계가 빅데이터를 활용하는 것이고, 마지막 단계는 최적화 단계다.

왼쪽 아래에서부터 오른쪽으로 4단계의 진행 방향을 보이는데, 첫 번째가 묘사분석, 두 번째가 진단분석, 세 번째가 예측분석, 네 번째가 처방분석이다. 즉 '도대체 무슨 일이 일어났는가 또는 일어나고 있는가'로부터 시작해서 '왜 그런 일이 일어났는가'로 이어지고 '앞으로 어떤 일이 일어날 것인가', '그러면 우리는 어떻게 해야 하는가'로 나아간다. 과거의 상황 이해, 원인 이해, 미래 예측, 그리고 우리의 액션 플랜을 파악하는 순으로 나아간다.

우선, 지금 무슨 일이 일어나고 있는지 묘사할 것

이 도표를 기업에 적용해보면, 첫 번째 단계인 묘사descriptive는 가장 기본적인 지표로 과거에 일어난 일 그리고 지금 일어나고 있는 일을 정확하게 정리해서 보는 것이다. 예를 들어, 최근 12개월간의 제품별, 지역별, 월별 매출액은 어떻게 되는지, 지역별로 심각한 고객 불만과 AS 요청으로는 무엇이 있는지 파악한다. 제품의 불량 발생을 주별과 월별로 알게 되고, 검사 단계마다의 차이도 볼 수 있다. 최근 1년간 발생한 고객의 클레임 내용 및 제품별, 지역별 분포도 볼 수 있다. 각 영업사원별 커미션은 얼마씩 받는지, 어떤 제품을 판매했을 때 특히 커미션이 많은지 등을 이해할 수 있다. 또한 최근에 출시한 모델에 대한 소비자들의 반응은 어떠한지 등도 분석 가능하다.

이때 소비자 반응은 단순히 좋다 나쁘다가 아니고, 무엇을 좋아하고 무엇을 싫어하는지까지 분석해야 한다. 예컨대 가격은 좋은데 디자인이 이상하다던지, 배터리가 오래 가지 않는다던지 등의 구체적인 특징을 말한다. 사실 이런 작업은 기존의 시장조사를 통해서도 할 수 있다. 하지만 요즘 전자제품은 생명주기가 갈수록 짧아져서 시장조사에 소요되는 시간을 기다릴 수 없다. 현재 휴대폰이나 TV의 주기는 1년이 채 안 되는데, 시장조사에서는 조사 기간과 분석 기간을 합치면 9개월에서 1년씩 소요되는 경우가 많다. 그렇다면 출시한 제품의 성패가 나온 후, 즉 게임이 끝나고 나서 실패 원인이 나온다 한들 무슨 도움이 되겠는가.

소셜미디어에 있는 소비자 의견에 대한 빅데이터 분석

을 통해 제품 출시 일주일이나 한 달 만에 이와 같은 피드백을 받을 수 있다면, 기업은 소비자의 불만을 해소하고 전달되지 못한 판매 포인트에 대해서는 광고 수정을 통해 발빠르게 대처할 수 있다. 이것이 바로 빅데이터를 통한 묘사분석이다.

그리고 여기에는 주로 데이터를 시각화하는 도구들을 사용한다. 시각화라는 것은 숫자나 문서 데이터를 다양한 형태의 그림으로 표현해서 직관적으로 이해할 수 있게 해주는 것이다. 사람은 시각적 정보를 가장 잘 이해한다. 여기에 사용되는 도구로는 스팟파이어spotfire, 태블로tableau, 클릭뷰qlikview 등이 있다.

진단과 예측, 데이터만한 것이 없다

두 번째 단계는 진단diagnostic이다. 1단계 묘사분석에서 찾아낸 인사이트에 대해 그 원인을 이해함으로써 한 단계 더 깊이 들어가고자 한다. 예를 들어, 2분기 매출이 1분기 매출보다 작은 이유가 무엇인지, 전체적으로 다 작은 것인지 아니면 특정 제품군에서 작은 것인지, 특정 지역에서 안 팔렸다면 그 이유는 무엇인지 등을 밝히는 것이다. 제조 기업인 경우, AS 요청이 최근 1년간 더 많이 들어왔다면 그 이유는 무엇인가? 병원의 경우, 퇴원환자가 일주일 안에 재입원하는 비율이 최근 3개월간 증가했다면 왜 증가했는가? 이런 질문에 대해 데이터가 답을 할 수 있다.

이런 유형의 질문에 대해서는 해당 분야에 경력이 있는 의사결정자에게 물어봐도 어느 정도 답은 나온다. 하지만 전문가들은 개인차가 있다는 것이 문제다. 가장 당황스러운 예는 의사마다 소견이 다르다는 것이다. A병원 의사는 당장 입원해서 수술하자고 하고, B병원 의사는 그냥 약 먹고 쉬라고 하면 누구 말을 들어야 할까? 같은 의대에서 같은 전공 공부를 하고 수십 년간 환자를 상대한 의사들이 왜 다른 말을 하는 걸까? 한 가지 원인은 의사 개인의 경험이 많이 다르기 때문이다. 그래서 자신의 주관성이 개입된다는 것이 문제다. 반면 데이터는 객관적이기 때문에 상반된 인사이트가 도출되지 않는다.

세 번째 단계는 예측predictive이다. 빅데이터 분석에서 가장 강력한 분석이다. 모든 사람들이 다 예측에 관심이 있다. 누구나 자신의 미래를 알고 싶어 하기 때문이다. 어떤 사람들은 철학원에도 가지 않는가? 그런데 데이터가 예측을 해줄 수 있다. 예를 들어, 은행 입장에서는 대출을 신청한 개인이 부도를 낼 가능성은 얼마나 되는지 알고 싶을 것이다. 앞서 다뤘듯이 미국의 어떤 은행은 대출 심사할 개인에 대해 신청자의 직업, 나이, 재산뿐만 아니라 그 사람이 소셜미디어에서 하는 활동까지 파악하고, 대출 신청서에 쓰는 단어까지 감별한다고 했다. 그렇듯 데이터를 이용해서 예측을 할 수 있다.

실제로 내가 컨설팅했던 기업에서는 어떤 고객이 한 달 이내에 이탈할 가능성을 데이터로 분석하기도 했다. 대출을 주로 취급하는 이 기업은 대출자가 콜센터로 전화해서 대출 해지 수수료를 물어보는 상황에 주목했다. 일반적으로 상담원은 친절하게 "수수료는 몇 퍼센트입니다. 금액으로는 얼마입니다." 하고 끊어버린다. 사실 생각해보면 대출자는 중도해지를 고려하고 있기 때문에 해지 수수료를 물어보는 것이다. 대출을 제공한 회사 입장에서 이는 고객의 이탈이다. 향후 이자 수입이 줄어드는 것이다.

중도해지를 원한다면 왜 중도해지를 하려는 걸까? 갑자기 큰돈이 생겨서? 아니면 다른 회사에서 더 싼 금리 대출을 발견해서? 그런 것을 따져 액션을 취하기 위해서는 우선 대출자의 이탈 가능성을 회사가 인지해야 하는데, 그것은 사람이 하기보다는 컴퓨터가 하는 편이 훨씬 정확하다. 대출자의 단어 사용만으로도 그 가능성을 예측할 수 있기 때문이다.

새로 개발한 보험 상품을 구매할 고객은 누구인가? 단순히 가족이나 지인을 상대로 하는 것이 아니라 정말 그 보험 상품이 필요한 사람이 누구인지 데이터를 가지고 찾는다면, 정확하게 그 사람을 찾아 핀 포인트 영업을 할 수 있다. 그리고 A와 B를 산 사람이 C도 살 가능성은 얼마나 되는지도 알 수 있다. 아마존은 세계 최고 수준의 추천 엔진을 보유하고 있다. 전체 매출의 무려 40퍼센트가 추천에 의해서 발생한다. 실제로 추천을 받아본 사용자들이라면 얼마나 정확히 나의 필요에 맞추어져 있는지 공감할 것이다. 또한 특정 기계 장비가 고장 날 가능성이 얼마나 되는지도 축적된 과거 데이터를 가지고 예측할 수 있다.

빅데이터 요리의 마지막은 '최적화' 처방

마지막 단계는 처방prescriptive이다. 미래 상황을 예측한 후에, 원하는 결과를 얻기 위해서는 무엇을 해야 하는지를 찾는 단계다. 예를 들어, 100억 광고 예산을 받은 마케팅 팀장을 생각해보자. 전통적인 광고 채널인 TV, 신문, 잡지, 광고판 등이 있고, 최근에 떠오르는 온라인 채널인 모바일, 각종 소셜커머스 사이트 등이 있다. 온오프라인을 합치면 총 20개의 광고 채널이 있다고 하자. 자, 이제 각 채널에 얼마씩 할당할 것인가?

가장 간단한 방법은 그냥 100억을 20으로 나눠서 채널당 5억씩 동일하게 배분하는 것이다. 일견 공평해 보이는 방법이지만, 현실에서는 어느 채널에 어느 정도 배분하는 것이 광고 효과를 최대화하는 것인지를 고려하게 된다. 이를 위해서는 각 채널의 단위 광고비 대비 매출 증가액을 예측하고, 이를 바탕으로 전체 마케팅의 효과가 최대화될 수 있도록 배분한다. 3단계 분석의 예측 결과를 이용해서 4단계 분석을 수행하게 된다.

증권사의 펀드매니저가 1000억의 펀드를 가지고 어떤 종목을 얼마나 사야 하는가를 고민하는 것도 바로 이러한 분석이 도울 수 있다. 삼성전자와 LG전자를 각각 어느 정도 비율로 살 것인지, 언제 어떻게 비율을 늘리고 줄일 것인지도 처방분석에 해당한다. 사실 이 처방이 가장 어려운 단계다. 이 단계에는 머신러닝을 포함하여, 수리계획 mathematical programming과 최적화 같은 고도의 수리 및 계산 모델링이 필요하다.

이처럼 빅데이터를 요리하는 데 4개의 단계가 있는 것은 난이도의 차이라 할 수 있다. 따라서 빅데이터 분석을 통한 가치 창출을 처음 시도하는 기업이라면 반드시 1단계 묘사분석과 2단계 진단분석의 단계를 밟은 후에 3단계 예측분석이나 4단계 처방분석으로 가야 한다. 특히 4단계를 수행하려면 반드시 3단계에서의 예측이 필수적이다.

빅데이터는
인공지능의 뇌다

빅데이터와 인공지능은 동전의 양면

빅데이터와 인공지능은 어떤 관계인가? 빅데이터를 분석하는 애널리틱스의 핵심 방법론이 인공지능이다. 즉 빅데이터는 재료이고, 인공지능은 조리법이다. 재료인 '파스타면'과 조리 방법인 '면을 삶는다'를 어떻게 분리할 수 있겠는가? 빅데이터와 인공지능은 떼려야 뗄 수 없는 관계다. 데이터 입장에서는 인공지능이 자신을 인사이트로 만들어 주는 행위이자 절차이고, 인공지능 입장에서 빅데이터는 학습의 재료다. 재료가 없으면 조리 자체가 안 되기 때문에 인공지능을 구현하려면 반드시 확보되어야 하는 것이 빅데이터다.

인공지능은 상황을 인지하고 행동하는 컴퓨터 기기를 말한다. 예를 들어 바둑을 두거나 운전을 하는 컴퓨터가 인공지능이다. 우리가 잘 알듯이 바둑 인공지능 알파고는 최고의 인간 기사들을 손쉽게 물리쳤고, 자율주행차는 사람이 운전하는 차보다 안전하다. 특히 모든 차가 자율주행차로 바뀐다면 사고는 거의 일어나지 않을 것이다.

물론 알파고 때문에 바둑 대회가 조금 김이 샐 수 있다. 또한 자율주행차가 활성화되면 전문 기사가 일자리를 잃고, 자동차 보험사, 자동차 수리사업, 심지어 자동차 생산업체에 문제가 생길 수 있다. 자동차 사고가 나야 수리하거나 새 차로 바꾸거나 하기 때문이다.

인공지능의 구현 방식에는 크게 두 가지가 있다. 그 첫 번째 방법은 '지식 기반 인공지능' 또는 '기호 기반 인공지능'이라고도 한다. 아주 단순하게 이야기하면 우리가 아는 모든 지식을 "A이면 B다"와 같은 형태의 명제로 만들고, 이 명제들 간의 연역적 추론을 하여 새로운 지식이나 사실을 만들어내는 방식이다.

예를 들어, 우리는 원숭이가 바나나를 좋아한다는 지식을 가지고 있다. 또 우리 앞에 루씨라는 원숭이가 있다고 하자. 이제 이들을 "원숭이는 바나나를 좋아해"와 "루씨는 원숭이다"라는 두 개의 명제로 변환한다. "루씨는 원숭이다"라는 명제는 지식이라기보다는 데이터에 해당한다. 아무튼 이 두 명제를 AI에게 주면 AI는 이 둘을 연역적 추론으로 조합해서 "루씨는 바나나를 좋아해"라는 새로운 명제를 생성한다.

이보다 좀 더 현실적인 바둑이나 자율주행을 위한 인공지능을 만든다면, 여기에 동원되는 명제의 수는 수만에서 수백만 개가 될 것이다. 그러나 이들을 잘 조합하면 컴퓨터를 활용해서 새로운 명제들을 수없이 만들어낼 수 있다. 결국 루씨에게 상을 줄 때 바나나를 사용하는 것이 좋은 생각이라는 결론을 내릴 수도 있다.

이때의 연역적 추론은 우리가 중학교 수학 시간에 만난적이 있다. "A와 B는 맞꼭지각이다. B와 C는 동위각이다. 따라서 A와 C는 같다." 독자들 중에는 맞꼭지각과 동위각이라는 단어를 정말 오랜만에 만나는 사람도 있을 것이다. 사실 중고교 졸업 후 우리는 대개 연역적 추론을 할 기회가 없다. 우리나라 국민 가운데 0.01퍼센트 이내 극소수의 수학자와 공학자들만이 일상에서 연역적 추론을 한다.

21세기 인공지능은 머신러닝

반면 대다수 국민들은 연역적 추론이 아닌 귀납적 추론을 한다. 그것도 매일 일상적으로 여러 차례 한다. 귀납적 추론이란 무엇인가? 새로 이사 간 집에서 차를 가지고 출근해보니 대략 40분이 걸렸다. 그런데 유독 월요일에만 1시간 이상 소요되었다. 이런 경우 우리는 "월요일에는 출근 시간이 20분 이상 더 소요된다"라는 명제를 추론하게 된다. 결국 나의 운전 경험의 하루하루가 데이터가 되는 것이고, 여러 데이터로부터 명제를 추론한 것이다. 서울대학교에 와서 학생식당 밥을 먹어본 사람들은 "서울대 밥맛은 이러저러하다"라는 명제를 추론한다. 몇 차례 경험이 데이터가 되고, 이 데이터를 기반으로 명제를 만든다.

인공지능의 두 번째 구현 방법이 바로 이 귀납적 추론기반이다. 이것을 '머신러닝' 또는 '기계학습'이라고 한다. 우리는 의자가 무엇인지 학교에서 배운 적이 없다. 개와 고양이의 모습이 어디가 어떻게 다른지도 배운 적이 없다. 그 대신 이런 저런 다양하게 생긴 의자를 많이 보았고, 개와 고양이도 다양한 종류를 보았다. 그러다 보니 언젠가부터 무엇이 의자이고 무엇이 의자가 아닌지, 또 개와 고양이의 생김새가 어떤지 쉽게 인지하게 되었다.

머신러닝은 인간이 자주 쉽게 수행하는 이 귀납적 추론 방법을 컴퓨터에게 시켜서 인공지능을 구현하는 것이다. 즉, 지식 기반과 달리 컴퓨터에게 명제를 주는 대신, 사진 같은 데이터를 여러 개 반복적으로 보여줌으로써 컴퓨터가 자연스럽게 의자를 인지하고 개와 고양이를 구분할 수 있게 만드는 것이다.

이 방법이 작동하려면 두 가지가 필요하다. 충분히 많은 데이터와 반복적으로 보여주고 수정하는 아주 **빠른** 컴퓨터다. 그렇지 않으면 정확도가 낮아진다. 일본 사람을 한 번도 본 적 없는 사람이 처음 일본 공항에 내려서 스모 선수단을 보았다면, "일본인은 덩치가 한국인의 두 배쯤 크다"라는 귀납적 추론을 할 것이다. 이런 일을 방지하려면 수많은 일본 사람을 만나야 한다. 즉 일본인 데이터가 충분히 많아야 한다.

사실 우리는 일상에서 데이터가 빈약한데도 용감하게 귀납적 추론을 한다. 서울대 식당에 한 번 와서 식사한 후 "맛있다" 혹은 "맛없다"는 귀납적 추론을 하고, 외국의 어느 도시를 방문한 딱 이틀간 마침 비가 오고 쌀쌀했다면 그

도시는 춥고 을씨년스러운 곳으로 우리 머릿속에 자리 잡게 된다. 아무튼 과거에는 첫 번째 연역적 추론의 지식 기반 방식이 주류였으나, 오늘날은 귀납적 추론의 머신러닝이 그 자리를 대체했다.

고성능 컴퓨터가 이끈 알파고의 승리

머신러닝의 핵심 이론은 1980~1990년대에 대부분 완성되었다. 그러나 당시에는 좋은 아이디어 차원에 머무를 수밖에 없었다. 그 이유는 학습할 데이터가 없었기 때문이다. 월드와이드웹이 등장한 것이 90년대 초반이고 상업적으로 활발히 사용되기 시작한 것은 90년대 후반이 되어서부터다. 당시 머신러닝을 공부한 사람들은 기업에 취직하는 것이 불가능했고 대부분 대학으로 진출했다.

재미있게도 당시 컴퓨터 사이언스 분야에서 가장 인기가 많았던 분야가 컴퓨터 네트워크였다. 이후 10년 동안 컴퓨터 네트워크 기술은 획기적으로 발전하고 상업화되었다. 그런데 그 덕분에 2000년대 들어서 네트워크를 통해 많은 데이터가 한 곳에 모이게 되었다. 2007년 애플이 아이폰을 출시하면서 모바일 시대가 열렸고 스마트폰을 통해 더 많은 데이터가 생산되기 시작했다. 구글, 아마존, 페이스북 같은 기업들이 폭발적으로 성장한 때이기도 하다.

여기서 한 가지 더 언급되어야 하는 것이 지속적인 컴퓨터의 계산 능력 발전이다. 1990년대 계산 속도를 100이라고 할 때 2010년대 중반에는 10만이 되었다. 대략 1000배 이상 향상된 것이다. 1000배 빨라지면 16분 소요되던 계산이 1초 만에 가능해진다.

컴퓨터 속도가 중요한 이유는 머신러닝에서 많은 데이터를 반복적으로 학습시키기 때문이다. 속도가 느리면 학습에 소요되는 시간이 비현실적으로 길어진다. 1초와 1000초의 차이는 인공지능 시스템을 만드는 데 걸리는 시간이 1년 4개월에서 1개월로 줄어드는 것으로, 도저히 비교가 되지 않는다. 고성능 오븐이라 할 만한 빠른 컴퓨터가 있었기에 수개월 만에 수십만 개의 기보로 알파고를 학습시킬 수 있었고, 수십억 가지의 상황을 자율주행차에 학습시키는 것이 가능한 것이다. 인공지능 세상이 도래한 데에는 머신러닝 기술의 발전 이외에도 네트워크와 컴퓨터 계산 속도의 향상이 무대 뒤에서 결정적인 역할을 했다고 하겠다.

빅데이터가 주목받기 시작한 결정적인

계기는 무엇인가?

빅데이터가 주목받기 시작한 것은 네 가지, 즉 센서, 스마트폰, 인터넷, 컴퓨터 덕분이다.

첫째, 과거 30여 년간 센서 기술은 엄청나게 발전해왔다. 성능은 향상되고 가격은 하락했다. 대표적으로 카메라, 온도계, 습도계, 진동 센서, 소음 센서, 중력 센서 등이다. 이러한 센서는 곳곳에서, 우리가 없는 때에도 그곳의 상황이 어떠한지 24시간 쉬지 않고 측정해준다.

둘째, 2007년 아이폰으로 처음 등장한 스마트폰은 이제 전 세계 20억 명 이상이 가지고 다니는 휴대용 컴퓨터가 되었다. 이로써 언제 어디서든 전화 통화와 문자로 타인과 소통하고, 관심사를 검색하고, 사진을 찍어 소셜미디어에 올린다. 엄청난 데이터를 생성하는 기기가 아닐 수 없다.

셋째, 유무선 인터넷 또한 최근 30년간 데이터 양과 속도 면에서 엄청난 발전을 이루었다. 센서와 스마트폰에서 생성하는 정보는 인터넷을 타고 정부기관이나 민간 기업의 컴퓨터로 전송된다. 최근 언론에 많이 등장하는 5G 기술은 통신 속도를 획기적으로 향상시킬 것이다.

넷째, 컴퓨터 계산 속도의 끊임없는 향상이다. 특히 빅데이터를 머신러닝하는 일에서 계산 속도는 결정적으로 중요하다. 속도가 느리면 학습에 소요되는 시간이 비현실적으로 길어지기 때문에 이는 현실적으로 매우 중요하다. 최근 25년간 컴퓨터의 계산 속도는 거의 1000배로 증가했다. 빅데이터를 학습하여 인공지능을 만드는 데 1년 4개월 소요될 것을 이제는 1개월 만에 하게 되었다.

한 가지 더 언급할 것은 알고리즘의 고도화다. 숫자 이외의 다른 유형의 데이터, 즉 문서와 이미지 데이터도 머신러닝으로 학습할 수 있게 된 것은 알고리즘의 고도화 덕분이다. 문서와 이미지 처리는 과거 50년간 서로 완전히 다른 방식으로 접근해왔다. 그런데 양쪽 모두 성과가 신통치 않아서 정체되어 있었다. 이때 빅데이터 기반의 머신러닝 방법이 혜성처럼 등장하여 기존 방법과는 차원이 다른 성공을 거둔 것이다. 또한 숫자, 문서, 이미지를 하나의 방법론으로 천하통일했으니, 과연 명실상부한 빅데이터의 세상이 도래한 것이다.

빅데이터 분석은 꼭 데이터 사이언티
스트가 해야 하는가?

데이터 분석은 전문 분석가 이외에 현업 분석가,
즉 시티즌 데이터 사이언티스트citizen data scientist도
할 수 있다. 이들의 장점은 현업을 잘 알기 때문
에 무엇을 분석해야 하는지 왜 분석해야 하는지
도 전문 분석가보다 더 잘 알고 있다는 것이다. 따
라서 이들의 분석은 중요한 비즈니스 가치로 나
타날 가능성이 매우 높다. 최근에는 코딩 없이 클
릭과 드래그로만 분석할 수 있는 소프트웨어들이
등장하여 한 달 정도 교육받으면 '문과 출신'들도
빅데이터 분석을 할 수 있게 되었다. 컴퓨터처럼
빅데이터 분석도 전문가들의 영역에서 일반인들
의 영역으로 들어올 것이다. 사실 국내 제조 및 금
융 분야 리딩 기업들은 이러한 가능성을 이미 간
파하여 적극적으로 직원 재교육을 하는 방향으로
나아가고 있다.

2부 _____

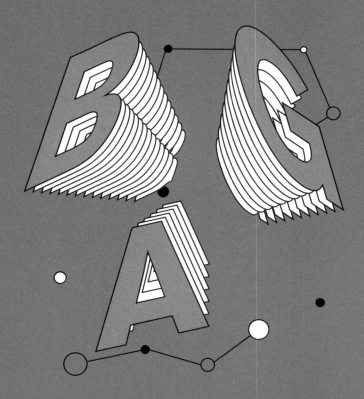

더 나은

삶을
위한

빅데이터
사용법

빅데이터는 어떠한 가치를 만들어내고 실제로 우리 삶을 어떻게 변화시키고 있는가? 기획, 이노베이션, 제품 개발부터 제조, 생산, 영업 및 마케팅, AS까지 기업에서 빅데이터가 어떻게 활용되는지 살펴보자. 실로 빅데이터는 개인의 취향과 욕망, 기계 장비 속에서 일어나는 일을 비롯해 우리 일상에서 벌어지는 모든 것을 알고 있다.

당신의 매 순간에
빅데이터가 있다

타인의 추천이 만드는 빅데이터

1부에서 대략적인 빅데이터의 정체를 알아보았다. 분석가가 빅데이터를 인사이트로 바꾸고, 현업 의사결정자가 인사이트 기반의 액션을 실행하면 비즈니스 가치를 얻을 수 있다. 그리고 그 과정에서 가장 중요한 것은 결국 최종적인 가치다. 이 가치를 만들기 위해 우리에게 어떤 인사이트가 필요한지, 인사이트를 만들기 위해 어떠한 데이터가 있어야 하는지를 거꾸로 생각하는 것이 기획이다.

무엇인가를 실행하기 전에는 반드시 기획을 해야 한다. 차를 몰고 나가기 전에 어디로 갈 것인지 최종 목적지를 정해야만 하는 것이다. 일단 나가보자고 무작정 떠나게 되면 백발백중 실패한다. 이제 그 기획의 구체적인 결과, 빅데이터를 출발점으로 해서 가치라는 목표를 창출하는 사례를 소개해보겠다.

적용 분야는 너무 많다. 신규 서비스 개발, 상품 기획, 제품 설계, 제조·생산, 영업 마케팅, 리스크 관리, 금융, 인사 관리까지 다양하다. 이제 하나씩 차례로 살펴보자.

첫 번째로 주목할 분야가 신규 서비스 분야다. 최근 몇 년간 가장 성장세가 높은 사업 분야는 플랫폼 사업이다. 플랫폼이란 생산자와 소비자를 연결시키는 일종의 시장이다. 플랫폼 자체는 생산도 하지 않고 구매도 하지 않으며, 단지 중간자 역할만 한다. 그런데 여기에 소비자가 몰려와야만 시장이 형성된다. 이때 소비자를 끌어당기는 당근이 바로 빅데이터다. 플랫폼이 성공하려면 소비자 입장에서 많은 정보가 일목요연하게 정리되어 있어서 꼭 가고 싶은 곳이어야 한다. 대표적인 곳이 아마존, 호텔스닷컴, 유튜브, 우버 등이다.

아마존 사이트에서는 제품마다 고객들의 제품 평가 및 만족도 별점이 제시된다. 구매를 하기 전에 사람들은 관심 있는 제품에 대한 다른 구매자들의 평점과 평가 글을 참조해서 최종 결정한다. 네이버에는 영화 평점이 있다. 언제부턴가 많은 사람들이 영화를 보기 전에 평점을 확인하는 습관을 갖게 되었다. 점수가 높으면 확신을 가지고 보고, 점수가 낮으면 내가 정말 이 영화를 봐야 하는지 다시 한 번 생각해본다.

'호텔스닷컴'의 예를 보자. 이제 세계적인 사이트가 된 이곳에 접속해 나의 여행 일정을 넣으면 여행지 호텔의 등급과 가격이 눈앞에 목록화된다. 물론 원하는 가격대와 호텔 등급을 조절하는 필터를 걸 수 있다. 그렇게 해서 나열된 호텔들에는 기존 숙박객들의 이용 후기가 달려 있는데 우리는 그것을 읽고 최종 호텔을 선정하게 된다.

'포스퀘어' 앱은 호텔스닷컴의 식당 버전이다. 처음 방문한 도시, 숙박 호텔 부근의 맛집을 찾으려면 '근처 저녁 식사'로 검색하기만 하면 고객들의 평점 순으로 식당이 눈앞에 펼쳐진다. 각각을 눌러 들어가면 어떤 요리가 있는지 사진이 제공된다. 식당 이용 후기도 많이 있다. 그 나라 말을 못해도 내가 본 음식 사진을 보여주기만 하면 된다.

유튜브는 이제 단순 동영상 공유 사이트에서 진화하여 새로운 동영상 콘텐츠 소비 플랫폼으로 자리 잡았다. 그렇다 보니 광고비가 치솟고 모두 다 여기서 어떻게 한 자리 차지할 수 있을지 골머리를 앓고 있다. 조회 수를 TV 시청률과 직접 비교하기 어려우나 이미 영향력 면에서는 공중파나 종편 채널을 넘어선 것으로 보인다. 현재 다양한 콘텐츠를 제작한 수많은 유튜버들이 여기에 자기 채널을 만들어 올리고 있다.

그렇다면 소비자는 도대체 이를 어떻게 알 수 있는 걸까? 바로 구글의 강력한 검색과 추천 기능이 그 역할을 한다. 내가 좋아하는 연예인을 검색하면 수백 개의 뮤직 비디오를 보여주고, 내가 몰랐지만 내 취향과 비슷한, 즉 내가 많이 본 영상들의 공통점을 머신러닝이 학습하여 유사한 수십 개의 콘텐츠 영상을 추천해주는 것이다.

이동수단의 진화, 우버와 자율주행차
빅데이터 플랫폼으로 새롭게 진화한 서비스 분야에서 이동 방법의 진화도 빼놓을 수 없다. 현재 전 세계에서 돌풍을 일으키고 있는 '우버'가 그것이다. 카카오 택시와 비슷한 듯하지만 택시가 아니고 일반인 차라는 점과 승객이 차에 타고 나서야 기사에게 목적지 정보가 전송된다는 점이

다르다. 따라서 승차 거부가 애초에 불가능하다. 우리나라에서도 택시에 대한 가장 큰 불만이 승차 거부인데, 우버는 이 문제를 완벽히 해결했다.

또 한 가지 우버가 택시와 다른 점은, 기사가 목적지 때문에 승차 거부를 할 수는 없지만 해당 승객에 대한 다른 기사들의 평점을 보고 승차 거부를 할 수 있다는 것이다. 이로써 소위 '진상 고객'을 피할 수 있다. 평가 시스템에 의한 자동적인 자정인 셈이다.

이러한 플랫폼 가치의 핵심에는 빅데이터가 있다. 차의 위치 정보를 고객 휴대폰에 보내주는 서비스를 한 사람도 아닌 수백만 유저가 동시에 이용하고 있는 것이니, 실로 엄청난 데이터가 활용되는 것이라고 할 수 있다. 그리하여 우버는 고객들이 언제 어디에서 우버 서비스를 많이 이용하는지를 알고 있다. 예를 들어, 평일 8~9시에 광화문에서 수요가 많다는 정보를 우버 기사들에게 주면 기사들은 그 시간에 광화문 근처에서 많이 대기하게 될 것이다. 이 시스템이 갈수록 보다 스마트해지고 있다.

우버 다음 단계가 자율주행차라고 하겠다. 자율주행차는 차에 부착된 카메라나 레이더 등의 센서가 운행 중 발생하는 모든 상황을 인지한다. 예컨대 왼쪽에는 하얀색 SUV가 과속으로 달리고 있다는 것, 오른쪽에는 전봇대가 있으니 피해가야 한다는 것 등을 판단한다. 그런데 이처럼 사람이 아닌 컴퓨터가 운전하는 차는 언제쯤 실용화될까? 우리는 아직 실감하지 못하지만 이미 실용화 단계에 들어섰다. 현재 미국 애리조나주에서는 이 자율주행차들이 우버와 결합되고 있다. 우버를 부르면 기사 없는 차가 와서 대기하는 것이다.

이렇듯 차가 알아서 운전하게 되면 이동하는 차 안에서 승객은 무엇을 해야 할까? 영화를 볼까? 책을 볼까? 원하는 것이라면 무엇이든 할 수 있다. 그래서 차 안에서 가능한 서비스가 무엇인지를 고민하는 것, 그것이 지금 운송 서비스업체의 초미의 관심사다.

소비자의 목소리는 소셜미디어에서 들을 것

빅데이터를 활용한 인사이트 밸류의 또 다른 사례는 상품이나 서비스 기획 분야에 있다. 기업이라면 통상 어떤 물건을 만들 것인지에 대한 고민을 하기 마련인데, 그 고민의 방향은 모두 똑같지 않다. 먼저, 기술 중심의 기획이 있을 것이다. 예를 들어, 음성 인식 기술을 개발해놓고는 이것을 어떻게 상품화할 것인지 고민할 수 있다. 원천 기술을 개발하는 사람들이 이런 식으로 생각한다. 이들은 음성 인식 기술을 열심히 개발한 후에 이것을 누구에게 어떻게 사용할 것인지 생각하지만, 사실 잘 떠오르지 않는다. 이게 바로 대표적인 기술 중심의 기획이다. 제품을 먼저 만들어놓은 다음에 적용 분야를 고민하는 것이다.

반대로 사용자 중심의 기획이 있다. 애초의 발상이 사용자의 니즈needs에서부터 시작한다. 예를 들어, 운전하면서 전화하는 행위는 위험하니까 금지되어 있다. 그렇지만 부득이 전화를 해야 할 때가 있다. 소비자의 입장에서 이 문제를 어떻게 해결할 것인지를 생각하다가 그 한 가지 방법으로 음성 인식 기술을 떠올리는 것이다. 휴대폰을 거치대에 올려놓고 "손흥민에게 전화해", "메시에게 문자 보내", "호날두의 이메일을 읽어줘"라고 말함으로써, 위험하지 않게 휴대폰을 사용할 수 있게 된다면 얼마나 좋겠는가?

보통 소비자의 목소리를 듣자고 하면 전통적으로 하는 방법이 시장조사market research, 즉 리서치다. 이 리서치라는 것은 소비자들을 대상으로 설문 조사하는 것이다. 무엇을 좋아하는지, 지금 제품을 얼마나 오랫동안 썼는지, 얼마나 자주 쓰는지, 다른 기능이 추가된 신제품이 나오면 구매의사가 있는지, 가격이 얼마면 사겠는지 등 제품에 대해 많은 질문을 던지고 답을 받는다. 하지만 이때 대부분의 사람들은 질문 자체를 잘 이해하지 못하거나 자신에 대해 오해하고 있다는 것이 문제다. 게다가 리서치의 비용이 높고 기간이 오래 걸린다는 문제도 있다.

그런데 소셜미디어를 통해 빅데이터를 분석하면 이런 문제를 상당히 극복할 수 있다. 신제품이 나오자마자 곧바로 구매한 소비자들이 자발적으로 서로 간에 정보를 나눈다. 좋다, 안 좋다, 사라, 사지 마라 정도가 아니라 아주 구체적인 사용 후기를 자신의 소셜미디어에 올린다. 해당 기업에는 알리지도 않는다. 예컨대 삼성전자에 전화해서 "갤럭시 너무 편하네요"와 같은 이야기는 아무도 하지 않는다. 물론 "너무 불편해요"라는 전화도 걸지 않는다. 따라서 기업 입장에서 소비자의 목소리를 듣기 위해서는 이 소셜미디어를 통하지 않을 수 없다.

소비자들이 제품 구매나 예약 등을 위해 사이트에 접속해서 사용자 평을 읽는다면, 해당 기업은 누구보다 먼저 소비자의 목소리^{VOC, voice of customer}를 듣기 위해 온라인에 접속하고 사용자 평을 체계적으로 분석해야 한다.

왜 오븐을 전자레인지 용도로 쓰는 걸까?

국내 한 전자회사의 의뢰를 받아 그들의 제품을 소비자들이 어떻게 생각하는지 온라인상에서 조사한 적이 있다. 몇 년 전부터 '스마트 가전'이라는 말이 유행인데 이 회사의 다섯 가지 스마트 가전에 대해 분석한 것이다. 이때 소비자들이 소셜미디어에 올린 글이 데이터가 된다. 그래서 우리는 그 데이터에서 인사이트를 뽑아보고자 했다. 블로그나 트위터에는 각종 가전제품에 대한 소비자들의 글이 너무나도 많이 있다.

먼저 로봇 청소기의 경우, 작동시키고 외출하면 온 집안을 다니면서 자기가 알아서 청소해주는 스마트한 제품으로 출시됐지만, 트위터에 등장하는 소비자들의 실제 목소리는 이랬다. "청소를 하긴 했구나?", "얘, 청소 제대로 하긴 하는 거니?", "또 뭘 어지르고 있는 거니? 너 왜 그래?" 소비자들은 이 기계의 청소 능력에 대해 별로 신뢰하지 않았다.

에어컨의 경우, 소비자의 입에서 가장 많이 나오는 단어가 '춥다'이고, 두 번째로 많이 등장하는 단어가 '덥다'였다. 게다가 '덥다'와 '춥다'라는 말이 같은 공간에 있는 사람들 입에서도 나왔다.

전자오븐의 경우, 80~90만 원이나 하는 비교적 고가임에도 불구하고 대부분이 제대로 활용하기 어렵다고 했다. 빵이나 과자를 굽는 용도나 사용법을 몰라 단순히 음식을 데우는 용도로 쓰고 있다고 했다. 차라리 10만 원대의 저렴한 전자레인지를 사면 될 것을, 비싼 전자오븐을 구입하고는 고작 전자레인지 용도로만 쓰다니, 본인도 스스로를 한심하다고 표현했다.

왜 이런 일이 벌어지는 걸까? 그래서 사람들이 소셜미디어에 오븐이라는 단어를 쓸 때 함께 쓰는 단어가 무엇인지를 살펴봤더니 다음과 같은 단어들이 등장했다. 집, 마트, 맛, 엄마, 아이, 간식, 정성, 실패, 귀찮음 등. 감이 오는가? 전자오븐은 젊은 엄마들이 아이에게 손수 빵과 과자를 만들어 먹이기 위한 좋은 의도로 구매하는 제품이다. 그런데 레시피 과정에서 자꾸 실패한다. 물론 베이킹이 우리나라 사람에게는 낯선 조리법이기는 하다. 정성을 쏟아야만

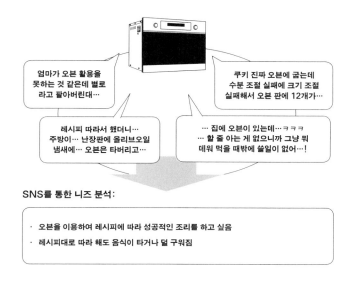

SNS를 통한 니즈 분석:

- 오븐을 이용하여 레시피에 따라 성공적인 조리를 하고 싶음
- 레시피대로 따라 해도 음식이 타거나 덜 구워짐

전자오븐에 관한 소비자들의 SNS 반응을 통해 소비자 니즈를 알 수 있다.

하는 힘든 작업이라도 성공해야 기분이 좋아서 계속 만들고, 페이스북에도 올리고, 친구들에게도 사라고 권유할 것이다. 그러나 계속 실패하니까 안 쓰게 되고 친구들에게도 사지 말라고 하는 것이다. 회사 입장에서 매출에 대해 고민하는 것은 어찌 보면 당연한 결과다.

매출 증가를 회사가 추구하는 가치라고 한다면, 어떤 인사이트가 필요할 것인가? 우리는 이미 실패라는 키워드를 찾았으니 여기서 한 걸음 더 나아가 왜 실패가 많은지에 대한 인사이트를 찾아보기로 했다.

그래서 좀 더 자세히 살펴봤다. 레시피대로 따라 해도 실패한다는 글들이 많이 있었다. 그 원인이 무엇인지 엔지니어들과 만나 이야기해본 결과 원인을 찾았다. 오븐은 브랜드마다 온도와 시간 세팅이 조금씩 달라야 한다. 인터넷에 올라온 누군가의 레시피를 그대로 따라 하게 되면, 레시피를 쓴 사람의 오븐 브랜드와 내 오븐 브랜드가 일치하지 않을 경우 실패 가능성이 높아진다. 오븐 세팅이 달라서 제대로 요리가 되지 않는 것이다.

그렇다면 이렇게 찾아낸 인사이트를 기반으로 어떤 액션을 취해야 이 문제를 해결할 수 있을까? 우리는 이 회사가 생산하는 오븐에 맞는 레시피를 인터넷에 올릴 것을 제안했다. 한국인이 좋아하는 빵과 과자 100가지가 좋은 시작이 될 것이다. 전자오븐을 인터넷에 연결하면 내가 레시피 사이트에서 고른 치즈케이크의 조리 세팅이 내 오븐으로 자동적으로 옮겨지게 할 수 있다. 스마트한 가전이란 이런 것이라고 생각한다.

소비자의 관심은 제품이 아닌 '서비스'

제품의 서비스화도 커다란 변화다. 소비자의 관심은 사실 제품이 아니고 서비스다. 예를 들어, 우리가 에어컨을 구매하면 실외기와 실내기라는 기계가 배달된다. 그러나 우리가 실제로 원하는 것은 기계가 아니라 여름에는 시원한 바람, 겨울에는 따뜻한 바람이다. 자동차도 마찬가지다. 우리가 원하는 것은 자동차라는 장비라기보다는 이동 수단이다. 내가 원할 때 5분 안에 등장하고, 소유 비용도 차량보다 저렴한 차량 공유 서비스가 있다면 많은 사람들이 굳이 차를 사지 않고 차를 공유할 것이다.

4차 산업혁명이 본격화되면 우리는 자동차나 에어컨 실외기 같은 기계를 구매하는 대신 이동 서비스나 온도 조절 서비스에 모바일로 가입할 것이다.

토머스 에디슨이 만든 제너럴일렉트릭은 비행기 엔진을 만드는 회사인데, 이들은 수년 전부터 자신들이 판매한 엔진을 유지, 보수해주는 서비스를 개발했다. 이들은 엔진에 센서를 달아 항공기가 한 번 운항할 때마다 데이터를 다운로드받은 후 엔진 부품의 수명을 애널리틱스로 예측하고 필요한 부분만 교체하는 새로운 유형의 '예측' 보전 서비스를 개발했다. 2017년부터는 이 예측 보전 서비스 매출이 엔진 자체 매출보다 더 커졌다고 한다. 바꿔 이야기하면 엔진 제작 회사의 매출이 몇 년 사이에 두 배 이상 늘었는데, 엔진을 더 판 것이 아니라 엔진을 관리하는 서비스를 새로 발굴한 것이다. 이를 대표적인 4차 산업혁명의 사례로 볼 수 있을 텐데, 이것이 바로 제품과 서비스의 패키지라 하겠다.

창문이 열린 것도 데이터가 확인한다

시스템 에어컨의 작동은 모두 데이터로 기록된다. 해당 실내기마다 몇 시에 켜지고 꺼졌는지, 설정 온도와 실제 온도가 몇 도인지 1분에 한 번씩 기록되고 있다. 따라서 시스템 에어컨이 설치된 건물의 경우 이 데이터를 분석하게 되면 각 방의 에너지 소비 전력 상황을 손바닥 들여다보듯 정확하게 파악할 수 있다. 이 방과 저 방의 환경이 똑같은데 한쪽 방의 실외기만 계속 돌아간다면 무언가 온도 관련 환경이 다르다는 것이다. 한쪽 방은 항상 문을 열어놓고 있다든가, 어딘가 깨지거나 열린 유리창으로 더운 바람이 들어온다든가 하는 세세한 것들을 쉽게 알아차릴 수 있다.

에어컨을 사용하는 소비자의 관심은 온도 조절 기능과 전기요금, 딱 두 가지다. 여름에 저렴한 전기요금으로 시원하게 지내고 싶을 뿐, 기계 자체에는 사실 관심이 없다. 데이터 분석을 통해 얻은 인사이트는 건물 에너지 관리실에 제공될 수도 있고, 아니면 아예 제조사가 인사이트를 기반으로 서비스를 판매하고 관리를 맡을 수도 있다. 여기서도 '80대20' 파레토 법칙이 성립한다. 전체 20퍼센트의 방에서 전체 소비 에너지의 80퍼센트를 사용하기에, 해당 20퍼센트 방을 찾아내면 에너지 효율을 획기적으로 올릴 수 있다. 이때 모든 답은 실내기 데이터에 들어 있다.

일본의 '다이킨'은 에어컨 분야에서 세계 최고의 기술력을 보유한 회사로서 시스템 에어컨이라는 개념도 이 회사에서 만들었다. 그런데 다이킨이 최근에 실외기와 실내기 조합의 기계가 아닌 서비스를 판매하기 시작했다. 건물주와 맺은 계약 내용은 이렇다. "우리가 이 건물을 전기요금 포함 월 얼마의 사용료에 1년 내내 22도에서 25도 사이로 유지해주겠다." 건물주 입장에서는 기계 제품의 유지 및 보수 문제에 따로 신경 쓸 일이 없다. 실내기와 실외기 설치에 관련된 모든 결정을 다이킨에서 알아서 하는 것이다.

빅데이터 사전에
예측 불가는 없다

길어도 너무 긴 대기 시간

다음은 선박 조립 물류 이야기다. 배를 만드는 과정은
200여 개의 블록을 조립하는 것으로, 아이들이 레고 블록
을 조립하는 것과 유사하다. 축구장 10여 개 크기의 거대
한 공간에 위치한 조선소 안에는 도장 공장, 전처리 공장,
조립 공장, 조립 검사장, 의장 공장 등이 있다. 200여 개의
블록은 각각 필요한 작업을 위해 여러 공장을 돌아다니게
된다. 한쪽에서는 페인트칠을 하고, 다른 쪽에서는 전선을
달고, 또 다른 쪽에서는 두 개 이상의 블록이 조립된다.

블록들의 이동은 트랜스포터라는 차량에 의해서 이루
어진다. 이를 블록 이동이라고 하는데, 200여 개 블록들의

이동은 대략 6000회 정도 발생한다. 도크라는 곳은 바닷물을 채웠다 비웠다 할 수 있는 거대한 탱크 시설로, 여기에서 최종적인 조립을 하여 선박이 완성되면 물을 채운 후 수문을 열고 바다로 진수한다. 문제는 수십 척의 선박을 동시에 조립하다 보니 각 공장에는 작업을 받기 위해 많은 수의 블록들이 대기한다는 것이다.

대기할 공간이 부족할 경우에는 공장에서 멀리 떨어져 있는 적치장이라는 별도의 공간에서 대기하게 된다. 정해진 인도 일자에 선박을 완성하지 못하면 하루 늦어질 때마다 수억 원에 달하는 비용을 제조사가 선주에게 물어줘야 한다. 조선소가 아무리 넓어 보여도 한정된 공간 내에서 많은 선박을 조립하려고 하다 보면 늘 시간에 쫓기게 된다. 그래서 우리는 각 블록들이 필요한 작업을 하기 위해 언제 얼마나 대기하는지에 대한 구체적이고 정량적인 이해를 하고자 했다. 즉 대기 시간에 대한 인사이트를 도출하고자 했다.

그러면 이를 위해 어떤 데이터를 사용해야 할까? 블록을 싣고 다니는 트랜스포터는 A 지점에서 B 지점으로 이동하는 경우, 출발 지점, 도착 지점, 출발 시각, 도착 시각, 블

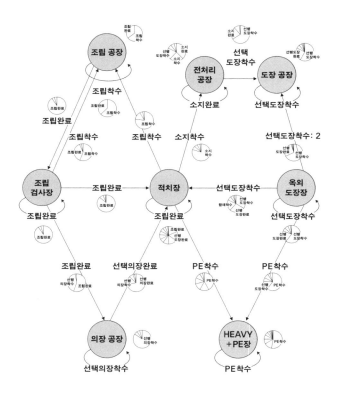

공장과 공장 간의 블록 이동을 데이터로부터 추출한 결과로, 각 공장의 어디에서 어디로 움직이는지에 대한 인사이트가 데이터로부터 자동 추출된다.

록 번호 등을 기록한다. 모든 블록 이동의 이력이 기록되는 로그log 데이터다. 우리는 여기에 프로세스마이닝이라는 분석 기법을 적용해서 블록들의 이동 패턴을 분석했다. 도출된 인사이트는 왼쪽 그림과 같다.

일단 모든 블록은 주로 대부분 적치장에 머무르고 있다는 인사이트를 찾았다. 결국 적치장이 전체 공정으로 보았을 때 병목 현상이 발생하는 곳이었다. 블록은 도장 공장, 전처리 공장, 조립 공장, 조립 검사장, 의장 공장 등을 돌아다니는데 그 모든 공정에서 가장 중앙의 자리를 차지하고 있는 곳이 적치장이다. 모든 블록은 다 이곳을 통과한다는 의미다. 즉, 선박 조립 공정의 중심은 바로 대기실이다. 당연히 이곳에서는 아무런 작업이 일어나지 않는다. 오히려 시간을 죽임으로써 전체 공정의 완성 시간이 길어질 수밖에 없는 원인을 명확하게 보여준다.

관련된 몇 가지 처리를 하는 공정이 완성되는 데 중간 대기 시간이 너무 길다는 것. 우리에게 분석을 의뢰한 업체는 창업 이후 처음으로 이와 같은 인사이트를 알게 되었다고 한다. 사실 관계자 대부분이 블록 조립 공정에서의 대기 시간이 길다는 것은 알고 있었지만 정확하게 얼마나 시간을 낭비하고 있는지를 구체적인 수치로 본 적은 없다고 했다. 이와 같은 구체적인 숫자, 예를 들어 특정 선박 완성에 410일이 소요되었는데 그중 적치장에서 보낸 시간이 무려 157일이라는 사실은 경영진에게 매우 중요한 인사이트다. 향후 공정 최적화를 위해서도 필요하고, 납기 단축이라는 가치를 구현하기 위해서 어떠한 액션이 필요한지를 알려주기 때문이다.

와인의 품질 예측, 진검 승부의 승자는?

이제 품질 예측을 보자. 라스베이거스 소재 와인 백화점에서는 프랑스의 보르도 샤토 마고라는 와이너리에서 생산하는 최상급 프리미엄 그랑크루 와인의 가격이 2006년산은 449달러, 2009년산은 1449달러다. 단 3년 차이인데 어떻게 이토록 큰 가격차가 발생하는가? 소위 와인의 나이를 일컫는 빈티지에 따라 품질이 크게 달라지기 때문이다. 핵심은 날씨인데, 2009년의 날씨가 2006년의 날씨에 비해 포도의 품질에 더 적합하다.

잠시 프랑스 최고급 와인의 생산 과정을 살펴보자. 포도는 봄부터 늦은 여름까지 밭에서 자라고, 수확된 후 오크통에서 6개월 동안 포도의 과당이 알코올로 바뀌는 발효 과정을 겪는다. 그 후 병입되어 다시 1년 6개월 정도 보관되다 출고된다.

로버트 파커 같은 저명한 와인 평론가들은 보통 이듬해 봄, 그러니까 전체 과정의 중간 단계쯤에 보르도를 방문해서 직접 맛을 본 후 해당 와인의 품질을 점수로 매긴다. 이들의 평가는 소비자들의 수요에 영향을 미치며 추후 와인 가격에까지 영향을 미친다. 그런데 사실 그가 맛보는 것은 수년간 숙성된 와인이 아닌 초기 상태의 와인이다. 결국 미완성 와인의 맛을 보고 이 와인의 미래, 완전히 성숙된 상태의 맛을 추정하는 것이니, 이는 대단한 능력이라고밖에 이야기할 수 없다.

한편 아센펠터라는 프린스턴대학 교수는 와인의 품질 예측을 혀가 아닌 데이터로 시도했다. 혀끝의 감으로 평가하는 와인 평론가를 향해 데이터 평가라는 도전장을 내민 셈이다. 그는 이미 누구나 알고 있는 날씨 요인, 즉 온도, 일조량, 강수량 등을 프랑스 기상청으로부터 데이터 형태로 확보했다. 사실 누구나 날씨가 중요하다는 건 알지만 정확히 8월 평균 날씨가 중요한지, 5~9월의 평균 날씨가 중요한지, 아니면 7월의 최고 기온이 중요한지 등에 대해서는 아무도 아는 바가 없었다. 그저 여름에 더우면 보통 포도의 품질이 좋아서 와인도 좋다는 식으로 대충 알고 있었다. 바로 이러한 면을 정량적으로 파악하고 싶었던 것이다.

수많은 날씨 요소 데이터와 함께 확보한 전체 데이터로써 과거 30년 동안의 보르도 와인들의 가격을 구하고, 이에 대한 평균 가격을 계산했다. 이후 과거 30년 동안의 매년 날씨 데이터와 가격 데이터를 일대일로 놓고 소위 회귀분석이라는 비교적 단순한 예측분석 방법을 적용했다. 이를 통해 도출한 인사이트가 아래 공식이다.

품질 = 12.145 + 0.00117 × 전년도 겨울 강수량 + 0.06140 × 당해 연도 평균기온 − 0.00386 × 수확기 강수량

공식이 주는 인사이트는 이렇다. 전년도 겨울에 눈이 많이 올수록, 여름에 더울수록, 수확할 때 비가 적을수록 와인의 품질, 즉 가격은 높아진다는 것이다. 이 공식에 등장하는 날씨 요소인 전년도 겨울 강수량과 당해 연도 평균기온, 그리고 수확기 강수량은 아센펠터 교수가 누구에게 물

어봐서 고른 것이 아니고 회귀분석이 자동으로 찾아준 것이다. 날씨 요소와 곱해진 계수라는 숫자들도 분석 방법이 자동으로 찾아주었다. 공식의 의미는 다음과 같다. "개인의 주관적인 의견이 아닌 그 해의 날씨 요인이라는 구체적이며 객관적인 숫자에 의해 와인의 품질 역시 구체적이며 객관적인 수치로 예측 가능하다."

또 하나의 중요한 의미는 다음과 같다. "전문가는 포도 수확 후 6개월 정도 지나 어느 정도 와인이 숙성되어야만 맛을 볼 수 있지만, 공식은 수확하는 그 해 가을에 모든 값이 나오므로 6개월 먼저 품질에 대해 예측할 수 있다."

유사한 공정으로 만들어지는 와인과 반도체

아센펠터 교수의 공식을 적용해서 판단하면 우선 로버트 파커 같은 와인 평론가보다 무려 6개월이나 먼저 와인의 품질을 알 수 있다. 사실 이 공식이 아니라도 올해 와인의 품질은 보르도에 사는 지역 주민들도 알고 있다. 좋은지 안 좋은지, 좋다면 얼마나 좋은지 그 지역 사람들은 이미 다 알고 있다. 그렇다면 이 공식이 무슨 소용이 있을까?

이 공식은 우리에게 품질에 대한 정확한 수치를 92점,

91점 등으로 제공한다. 반면 지역 주민에게 물어보면 좋다고 해도 어느 정도로 좋은 건지 사람마다 그 기준이 다를 것이다. 인간의 언어는 애매모호하기 때문에 한 사람의 "꽤 좋다"가 다른 사람의 "아주 좋다"보다 더 좋을 수 있기 때문이다.

반면 공식은 정확하며 객관적인 수치를 제공한다. 특히 와인 선물 거래를 하는 투자자들에게는 숫자로 표현된 품질 지수가 절대적으로 필요하다.

이 보르도 와인 제조와 유사한 면을 가지고 있는 것이 반도체 제조 공정이다. 무엇이든 하나의 제품을 만드는 데는 보통 여러 개의 공정을 거친다. 반도체 같은 제품은 무려 500개의 공정을 거치기도 한다. 각 공정 내의 온도, 습도, 압력, 다양한 기체들의 농도, 전압 값들이 센서에 의해서 측정되고 데이터로 저장된다. 공정 하나를 보르도의 포도밭으로 보고 그 공정에서 생성된 데이터를 특정 해의 프랑스 기상청 날씨 데이터로 볼 수 있다. 그렇다면 그 기간에 그 공정에서 생산될 제품의 품질을 예측하는 것은 보르도 와인의 미래 가치를 예측하는 것과 개념적으로 동일하다.

이렇게 공정 빅데이터를 가지고 제품의 품질을 예측하

고 검사를 대신하는 것은 제조업의 핵심 가치 창출이 된다. 이를 인더스트리 4.0이라고 하고, 스마트 팩토리라고도 부른다.

'재작업 제로'는 데이터의 힘으로

다음으로 해양 구조물에서의 재작업에 대해 살펴보자. 조립 공정 후에는 검수자가 재작업을 지시하는 경우가 빈번하다.

해양 구조물은 조선소 입장에서 선박보다 수익성이 좋은 제품이다. 바다 위에 떠 있는 구조물로서 시추선을 통해 해저 원유를 생산한다. 최근에는 여기에 더해 아예 구조물 위에 정유 시설까지 더해져서 뽑아 올린 원유를 곧바로 정유해서 가솔린, 벙커시유, 경유 등을 생산하기도 한다. 원유만 생산하는 것보다 가공유를 생산함으로써 부가가치를 높일 수 있는 것이다.

해양 구조물은 대략 1000만 개의 부품으로 구성되어 있다. 제작에서의 핵심 작업 가운데 하나가 조립인데 강판의 접착 부분을 용접으로 녹인 후 붙이게 된다. 조선소에서는 이 작업이 잘되었는지를 매 단계마다 검사한다. 검사 후 문제가 있을 시 재작업 지시서(소위 펀치)를 작성하면 이것이 곧바로 무선으로 해당 작업 팀에 전달되어 재작업을 하게 된다. 이러한 과정을 통해 조립 공정의 품질을 높인다.

그러나 더 바람직한 것은 재작업 자체가 발생하지 않는 것이다. 검사자 100여 명이 각자 하루에 300건 정도의 재작업 지시서를 만들어낼 경우 1년에 1000만 건 정도의 펀치가 생성되는데, 이것은 900만 건, 800만 건, 700만 건으로 줄어들면 줄어들수록 좋다. 그러면 애초에 왜 재작업을 해야 하는지, 왜 처음부터 제대로 못했는지에 대해 알아볼 필요가 있다. 이때 이걸 이해하려면 연간 1000만 건의 재작업 지시서를 모두 읽어보아야 한다. 현실적으로 불가능한 일이다.

여기서 빅데이터 애널리틱스, 그중에서도 인공지능을 활용할 수 있다. 텍스트를 자연어 처리natural language processing 기법으로 분석해서 언제 어디에서 어떤 문제가 발생하는지를 시각화하는 것이다. 이를 통해 우리가 발견한 인사이트 가운데 하나는 다음과 같다. '손상damage'이라는 단어와 함께 등장하는 단어는 밸브, 튜브, 패널, 파이프, 볼트 등이다. 그리고 파이프, 애드 서포트, 쉐이크도 자주 함께 등장한다. 이는 파이프가 쉐이크하니 서포트를 애드하라는 것, 즉 파이프를 설치했는데 고정되지 않고 흔들리니 다시 지지대를 추가하라는 뜻이다. 이것이 인사이트다. 더 깊이 이해하기 위해서는 현장 엔지니어들과 깊은 대화를 나누어야 한다.

도대체 왜 이런 일이 벌어지는가? 재작업의 가장 큰 이유가 흔들리는 파이프 문제라면 애초에 파이프를 설치하는 사람이 용접을 제대로 하지 못해서 그럴 수가 있다. 해당 데이터에는 용접 작업자의 이름이 있으므로 평균 이상으로 실수를 많이 하는 사람을 찾아서 별도의 도움을 줌으로써 원인을 해결할 수 있다.

또는 파이프 지지대 간격이 너무 커서 문제일 수도 있다. 즉, 설계의 문제일 수도 있다. 설계상으로는 1미터에 하나씩 지지대를 설치하는 것으로 되어 있지만, 실제로는 1미터가 아닌 0.8미터마다 하나씩 설치해야 하는 것일 수도 있는 것이다. 이때는 설계 프로그램 CAD상의 기준 자체를 바꾸어야 하고, 그러면 이후에 이 문제는 완전히 사라지게 된다.

이와 같이 재작업 문제가 있을 때 해당 문제가 어디에서 왜 발생하는지에 대한 인사이트를 데이터 분석을 통해서 얻고, 이를 통해 어떤 액션을 취할 수 있는지를 찾음으로써 소위 핀 포인트 방식으로 문제를 해결할 수 있다. 이렇게 하는 것이 머리에 띠 두르고 결의대회를 열어 '재작업 제로의 원년이 되자!'라는 구호를 외치거나, 화장실 변기 위에 표어를 붙여놓는 것보다 훨씬 효과적이다. 문제의 원인을 데이터로부터 찾아 이를 제거하는 액션을 취해야만 우리가 원하는 문제 해결, 즉 가치 창출을 할 수 있다. 아무리 작은 문제라도 이렇게 해서 제거한 문제는 절대로 재발되지 않는다.

장비의 이상 작동, 데이터로 간파하다

데이터를 이용하면 건물을 유지하는 장비나 제품을 만드는 CNC 등과 같은 장비의 이상 작동을 미리 간파할 수 있다. 기계 장비 자체에 문제가 생겨 작동을 멈추거나 아니면 이상 작동 현상이 나타나기 전에 그 같은 상황을 미리 알 수 있는 것이다.

국내 모 연구소는 최근에 인텔리전트 빌딩을 신축했다. 이 건물 지하에 있는 냉온수기, 냉각수 펌프, 보일러에 센

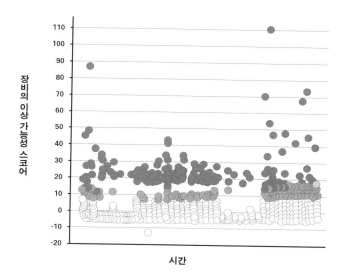

모니터 대상 장비의 이상 작동 판정 결과

서를 달고 그 센서에서 나오는 데이터를 컴퓨터에 저장했다. 이 기계 장비들은 건물을 유지하는 데 필수적이므로 이상 작동이 있는지를 컴퓨터가 자동으로 탐지해서 심각한 문제가 보이면 관리자에게 알람을 울려 필요한 액션을 취할 수 있게 한다.

해당 데이터를 가우시안 혼합 모형이라는 분석 방법으

로 인사이트를 도출한 것이 위 도표다. 즉 인사이트는 이 기계 장비들의 '이상 스코어anomaly score'의 형태로 표현되는데, 매 시간 또는 매 초마다 이 값을 계산할 수 있다. 지금 이 순간의 상태가 평소 상태와 많이 다를 때에는 큰 값(도표의 보라색 점)을 내고, 평소와 다르지 않을 때에는 작은 값(도표의 흰색 점)을 낸다. 물론 이상이라고 해서 반드시 고장이라는 뜻은 아니다. 그 판단은 관리자가 해야 한다. 왜냐하면 고장이 발생하는 상황은 너무 드물어서 고장 데이터를 확보할 수 없다. 따라서 정상인지 고장인지를 머신러닝으로 학습시킬 수 없다. 그래서 정상 데이터만 학습하여 정상이 아닌 것을 비정상이라고 판정하는데, 이때 다시 내려오면 정상이고 다시 올라가면 이상 상황이 된다.

실시간으로 계속 그려지는 그래프를 모니터링하다가 그 수치가 어느 범위 이상으로 올라가면 관리자에게 알려 개입할 수 있게 하는 이상 스코어, 즉 이상인지 정상인지를 판단하는 근거가 되는 숫자가 여기서의 인사이트라고 하겠다.

고객의 취향과 욕망을
알아내는 법

신용카드 고객의 유형화

이제 마케팅 및 영업 분야에서의 빅데이터 가치 창출 사례를 살펴보자. 먼저 고객 이해의 관점이다. B2C[business to consumer] 사업인 경우 불특정 다수의 소비자들을 대상으로 하기 때문에 자신들의 진정한 고객이 누구인지를 파악하는 일이 쉽지 않다. 어느 마트의 우수 고객은 어떤 사람이냐고 질문했을 때, 한두 마디로 대답할 수 없을 것이다. 그래서 전체를 여러 조각으로 나누어서 각 조각에 대해 깊은 관찰을 하고 이해하는 방식을 취한다. 이것이 바로 '마켓 세그먼테이션[market segmentation]', 즉 시장 세분화다.

마켓은 고객 전체를 의미하고 세그먼트[segment]는 고객들의 한 조각을 의미한다. 따라서 마켓 세그먼테이션은 고객들을 유사한 그룹들로 나누어 각 그룹을 깊이 이해하고자 하는 것이다.

국내 모 카드사는 우수 고객 30만 명을 골라 이들에 대해서 마켓 세그먼테이션을 하기로 했다. 이때 가장 먼저 해야 할 일은 무슨 기준으로 고객들의 유사성을 정의할 것인가를 결정하는 일이다. 그래서 유사성 판단의 기준이 되는 여러 지표를 정했다. 첫째, 고객들의 나이, 입회 월차, 성별, 이메일, 기타 특징 등의 인구 통계 특징이다. 둘째는 사용 총액, 신용판매 이용 금액, 상품별 비율, 자사 카드 이용 비율 같은 최근 1년간의 사용 실적이다. 셋째는 카드를 사용한 가맹점의 종류 및 종류별 사용 비율 등으로, 총 17가지의 지표를 정했다. 물론 다른 지표를 사용한다면 고객 간의 유사 정도가 달라지므로 세그먼트가 다르게 형성된다.

위의 두 번째 사용 실적 요소 가운데 신용판매란 현금서비스 및 카드론과 함께 3대 카드 상품 가운데 하나로서, 일반적으로 가장 많이 사용되는 상품이다. 우리가 일상에서 커피숍이나 백화점에서 "카드를 긁는 것"을 말한다. 그리고 상품별 비율은 신용판매, 현금서비스, 카드론 세 가지 상품의 사용 비율을 의미한다.

또한 자사 카드 이용 비율이란 고객이 소지한 모든 카드로 사용한 총 금액 가운데 특정 카드의 이용 비율을 의미한다. 어떤 고객이 한 달에 카드로 400만 원을 쓰는데 자사 카드로는 100만 원만 썼다면 자사 카드 이용 비율은 25퍼센트가 된다. 이 비율은 고객의 충성도를 측정할 수 있는 지표가 된다.

그리고 가맹점은 특정 소매점이므로 의미가 없기 때문에 대신 가맹점의 중분류로 비율을 계산한다. 즉, 식음료라는 중분류에는 스타벅스와 커피빈 등 모든 커피숍과 식당이 포함되고, 주유소라는 중분류에는 SK나 GS 등 모든 주유소가 포함된다. 예컨대 한 달에 식음료에 20퍼센트 쓰고, 주유소에서 5퍼센트 썼다는 식으로 계산되는 것이다. 이 기준을 가지고 고객들을 여러 그룹으로 나눈 것을 '세그먼트'라고 한다.

VIP 회원에게는 무엇보다 '인정'이 필요하다

편의상 1번으로 명명한 세그먼트에는 주로 다양한 업종에서 많은 금액을 사용하는 VIP 회원들이 있었다. 그런데 이들은 타사 카드로 현금서비스를 많이 받는다는 특징을 발견했다. 그렇다면 카드사는 이들에 대한 영업 마케팅의 방향을 어떻게 잡아야 할까? 당연히 타사에서만 현금서비스를 쓸 것이 아니라 본사 카드로도 현금서비스를 사용하는 방향으로 영업 마케팅을 해야 한다. 왜냐하면 이들은 VIP로 신용이 매우 좋기 때문에 수익성이 좋은 현금서비스를 쓰도록 유도해야 하는 것이다.

특히 이들 중에도 또 서로 다른 성향이 있을 수 있으니 한 번 더 이들만 대상으로 세그먼테이션을 하고, 각 그룹마다 특성에 따른 맞춤형 전략을 마련할 수도 있다. 여기서는 이런 각 세그먼트 또는 그룹의 특성이 바로 인사이트다. 수많은 그룹이 등장할 것이고 각 그룹의 특징을 파악하면 수많은 인사이트를 도출할 수 있다. 이제 이들을 대상으로 현금서비스 활성화를 위한 프로모션을 하는 것이 비즈니스 액션이 되고, 이들로부터 더 많은 수익을 창출하는 것이 가치가 된다.

두 번째 세그먼트에 속한 회원들은 자사 카드를 주로 주유소나 자동차 관련 주문을 하는 데 많이 사용하고 있었다. 이들에게 어떤 프로모션을 하려고 한다면 정비나 주유 쿠폰을 제공하면 좋다. 특히 이들 개개인이 주로 사용하는 주유소가 SK인지 GS인지까지 알 수 있으니 해당 주유소 브랜드의 쿠폰을 주어야 한다. 그렇게 되면 고객 입장에서는 1만 원짜리 쿠폰이라도 사용이 편리하므로 그만큼 더 가치를 느끼게 된다.

또 다른 세그먼트에는 특급 호텔이나 골프장에 많이 가는 VIP 회원들이 있었다. 이들에게는 골프장이나 특급 호텔과 연계된 서비스를 제공해야 한다. VIP는 돈이 많은 사람들이기 때문에 회비를 10만 원에서 9만 원으로 깎아주겠다는 것 정도에는 그다지 감동받지 않는다. 다만 감동받는 것은 바로 자신이 VIP라는 것을 '인정'받을 때다. 우리가 맛과 상관없이 단골집에 자주 가는 이유도 사실은 그런 인정받는 느낌 때문이다. 주인이 다른 손님과 다르게 나를 반기는 것을 좋아하는 것이다.

많은 카드사가 VIP 회원에 대해서는 특별 대우를 해주고 있다. 콜센터에 전화했을 때 자동으로 대기 시간도 짧게 하고, 경험 많고 능숙한 상담원이 응대하게끔 되어 있다. 카드사에 많은 수익을 안겨주는 고객이므로 그 정도의 환대는 당연한 일이라 하겠다.

모두를 위한 전략은 없다

'타사 신판' 세그먼트는 주로 현금서비스를 사용하지만 타사 카드로는 신용판매를 많이 쓰는 사람들 그룹이다. 앞에서 소개한 1번 세그먼트와는 완전히 반대 경우라고 할 수 있다. 이들은 왜 신용판매에는 본사 카드 대신 타사 카드만을 쓰는 걸까? 이유가 무엇이든지 이들에게는 자사 카드를 사용한 신용판매를 유도해야 한다. 이처럼 해당 그룹의 특성을 알면 알수록 그 그룹에 어떤 마케팅 전략을 가지고 접근해야 하는지를 정확히 알아낼 수 있다. 인사이트가 없으면 절대 구체적 액션은 나올 수 없는 것이다.

그런데 마지막 세그먼테이션에는 매우 놀라운 고객들이 포함되어 있었다. 이들은 여러 카드를 전부 현금서비스로만 사용하는데 한 카드의 사용액만으로도 월 500만 원 이상이었다. 이 그룹에 속한 사람들은 100퍼센트 현금서비스를 받아 한 달 안에 다 갚는다. 서너 개 카드를 돌려서 빌리고 갚고 하는 것인데, 그렇다면 이들의 직업은 무엇일까? 직업은 학생부터 주부, 공무원, 의사 등 특정할 수 없이 다양하다.

이처럼 고객을 나누어 살피는 이유는 고객을 보다 세분

화해서 이해함으로써 맞춤형 대응을 하겠다는 것이다. 여기에는 카드사 사례를 소개했지만, 다른 분야에도 적용 가능하다. 특히 마케팅과 너무도 닮은 정치 분야도 그렇다. 선거 때마다 막연하게 '대한민국의 국민을 위하여'라고 할 게 아니라 구체적인 세그먼테이션을 해서 세그먼트별로 정책 제안을 해야 한다. 다 같은 대한민국 국민이라도 처지와 생각이 다르고 원하는 게 모두 다르니 정책도 그에 맞게 펼쳐야 하는 것이다.

사실상 소비자 전체를 위한 캠페인이나 국민 모두를 위한 정책은 시도한다면 백발백중 실패하기 마련이다. 반드시 타기팅targeting을 해야 한다. 세그먼트로 쪼개고, 세그먼트별 성격과 인사이트를 이해하고, 그에 맞는 액션을 취해야 한다.

누구에게 플래티넘 카드를 팔 것인가

영업 마케팅에서 업셀up sell은 고가의 상품을 파는 활동을 의미한다. 예를 들어 카드사라면 일반 카드 고객에게 플래티넘 카드로 변환하라고 캠페인을 하는 활동이다. 그렇다면 어느 고객에게 프로모션을 해야 할까? 모든 고객을 대상으로 해야 하나? 물론 그것이 가장 단순한 방법이지만 문제는 비용이다. 예컨대 마케팅 비용이 10억으로 책정되었는데 그 비용을 100만 명 전원에게 퍼붓는다면 결국 1인당 1000원 정도의 비용밖에 쓸 수 없다. 효과가 낮은 프로모션이 될 수밖에 없는 것이다.

하지만 데이터 분석을 통해 프로모션으로 넘어올 만한 사람 10만 명을 잘 선별해낼 수 있다면 개인당 1만 원의 비용으로, 즉 10배 더 강력한 프로모션을 활용할 수 있다. 따라서 마케팅의 효율을 결정하는 것은 변환 캠페인에 따라 넘어올 사람을 어떻게 분별해내는가에 달려 있다.

그렇다면 누가 플래티넘으로 넘어갈 가능성이 높을까? 기존 플래티넘 사용자와 유사한 구매 행태를 보이는 고객이 가능성이 높을 것이다. 그래서 이미 플래티넘 고객처럼 카드를 쓰는 사람을 찾아야 하고, 그러기 위해서는 우선 플래티넘의 특징을 찾아야 한다. 현재 우수 고객 30만 명 가운데 플래티넘 회원은 대략 4800명 가까이 되었다. 1.6퍼센트로 매우 소수다.

기존 플래티넘 회원과 아닌 회원들의 카드 사용 실적 데이터를 가지고, 분류용 머신러닝 모델인 의사결정나무

decision tree를 적용했다. 이로써 발견한 인사이트는 다음과 같다. 특급호텔에서 11만 원 이상 사용하고 항공기를 주로 이용하는 회원 중에 플래티넘 카드 사용 비율이 무려 93.1퍼센트를 차지했다. 카드 전체 플래티넘 회원 비율 1.8퍼센트에 비하면 매우 높은 수치다. 즉 해당 특징을 가진 회원들은 대부분 이미 플래티넘 회원들이라는 의미다.

그러면 이중에서 플래티넘 카드를 갖지 않은 나머지 6.9퍼센트는 어떤 회원들인가에 주목해야 한다. 플래티넘 회원처럼 카드를 쓰면서 정작 플래티넘 카드를 가지고 있지 않은 사람들, 이들이 바로 우리가 찾는 타깃 회원들이다. 이들을 대상으로 프로모션 액션을 한다면 효과적이고 효율적으로 업셀 마케팅을 할 수 있다.

영화 관객 수, 개봉 전에 알 수 있다

다음으로 영화 관객 수 예측에 대한 이야기다. 관객 수를 예측할 수 있어야 손익분기점 도달 및 투자 회수 가능 여부를 알 수 있기에 배급사는 영화가 상영관에 걸리기 1~2개월 전에 관객 수 예측 작업을 한다. 만일 예측 관객 수가 손익분기점 아래에 있다면, 그 수를 올리기 위해 버스에 포스터를 붙이고 주연배우를 TV 등의 매체에 출연시키는 등 치열한 마케팅을 펼쳐야 한다.

그런데 이제까지 보통은 관객 수 예측이 현업 의사결정 자들의 경험을 토대로 이루어졌다. 하지만 이러한 주관적 인 방식에는 여러 가지 문제가 있다. 주관적이라는 점 그 자체도 문제일 뿐만 아니라, 오류의 원인을 찾는 것도 어려 우며 정확도를 체계적으로 향상시킬 방법이 없다는 것도 문제다. 이에 객관적인 접근 방법을 사용하기 위해 과거 데 이터를 기반으로 한 애널리틱스를 통해 예측 공식 형태의 인사이트를 도출하기로 했다.

그래서 과거 수년간 한국에서 개봉한 모든 상업영화의 장르, 국가, 제작사, 배우, 감독, 제작비, 대중의 인지도, 선 호도 등의 데이터를 확보했다. 이들은 영화진흥위원회의 공공데이터, 일별 박스오피스 데이터, 네이버에 있는 영화 정보 등을 크롤링한 것이다. 이를 재료로 해서 개봉 후 첫 째 주 토요일 관객 수를 예측했다. 개발된 공식 인사이트는 시스템화되어 수년째 해당 업체에서 사용하고 있다.

물론 매년 많은 수의 영화가 새로 개봉되므로 이들 관련 데이터를 확보하여 모델 재학습을 통해 공식 인사이트를 도출한다. 이렇듯 매년 데이터가 증가하는 만큼 예측의 정확도도 점점 더 좋아지고 있다.

고객을 특별하게 만드는 '일대일 추천'

마케팅의 주요 수단이 된 개인화 추천, 이것은 현재 온라인상에서 매우 활발하게 이루어지고 있다. 온라인 몰에서 한 번 물건을 구입하면 이후에는 자동으로 제품이 추천되는 식이다. 그런데 심지어 아마존은 "당신이 사기 전에 당신의 소포를 배송하고 싶다!"며 매우 선도적인 마케팅을 펼칠 준비를 하고 있다. 소위 예측 배송이다.

예를 들어 고객이 3일 내내 밤마다 아마존 사이트에 들어가서 시계 하나를 들여다본다고 하자. 그러면 아마존은 그 고객이 그 시계를 사고 싶어 한다는 것을 안다. 고객은 시계 가격이 5000달러로 고가라서 망설이고 있다. 그런데 이 고객의 과거 구매 이력을 보니 그 가격의 제품을 못 살 고객이 아니다. 이렇게 판단되면 아마존은 그 시계를 드론에 태워서 고객에게 보낸다. 드론 안에는 시계와 함께 다음과 같은 안내문이 있다. '원치 않으면 반품하세요!'

이 드론을 받는 순간 고객은 어떻게 해야 할까? 그냥 가

만히 있으면 자동으로 결제가 된다. 고객의 카드 정보는 아마존이 알고 있으니 말이다. 이게 지금 아마존이 추진하고자 하는 예측 배송이다. 고객이 무엇을 좋아하고 어느 정도의 구매 능력이 있는지 등 고객에 대한 정보를 잘 구축했기 때문에 가능한 일이다. 이와 같은 일대일 추천은, 상품은 물론 영화나 운동 등 여러 영역에 걸쳐 가능하다.

하라스라는 라스베이거스의 오래된 카지노는 단골 회원 고객의 개개인에 대한 '고통 커브pain curve'를 추정해서 데이터로 가지고 있다. 오른쪽의 고통 커브 그래프를 보면, 가로축은 고객이 1회 방문 시 잃은 돈이고 세로축은 미래에 재방문할 확률이다. 여기서 재방문 확률 값은 일정하게 높이 유지되다가 어느 지점을 지나가면 급격히 감소하게 된다. 이 시점을 고통 포인트라고 한다.

물론 이 고통 포인트는 회원마다 다르다. 어떤 회원은 한 번에 100만 원을 잃어도 재미있었다고 생각할 수도 있고, 어떤 회원은 10만 원만 잃어도 너무도 실망하고 기분이 상하여 다시는 돌아오지 않을 수도 있다. 누구나 큰돈을 잃으면 다시는 안 돌아오겠지만 조금만 잃으면 대개는 돌아온다. 단지 큰돈과 작은 돈의 기준이 개인마다 조금씩 다

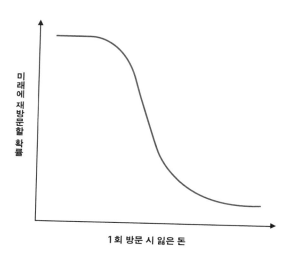

카지노 방문객의 손실 금액 대비 재방문 가능성

른 것이다. 여기서 하라스 카지노가 원하는 것은 후자의 사람들이다. 한 번 와서 1000만 원 잃고 평생 안 돌아오는 손님보다는 주말마다 와서 매번 50만 원씩 잃고 가는 손님을 원한다.

그래서 하라스 카지노는 단골 회원이 입장하여 베팅을 시작하면 그 회원이 잃은 금액을 실시간으로 모니터링하다가, 잃은 돈의 액수가 '고통 포인트'에 접근하게 되면 더 이상 잃지 못하도록 도박 자체를 하지 못하게 슬쩍 방해한다. 직원을 시켜서 음료수를 제공한다거나 디너 쇼 티켓을 서비스로 주면서 그 순간 흥분된 회원의 심리 상태를 식혀준다. 그러면 게임에 몰입해 이성이 잠시 마비되어 있던 회원은 제정신을 차리고 현재 자신이 잃은 돈의 액수를 인지하고는 그만 떠나게 되는 것이다. 물론 '적절한 금액'만 잃었으므로 그 고객은 다음 주에 다시 올 것이다.

하라스 카지노는 이와 같은 일대일 추천을 통해 은퇴한 노인 손님을 주 고객으로 잡아두고 있다. 고객 입장에서는 어느 정도 보호를 받기 때문에 큰 손실 없이 지속적으로 와서 부담 없이 즐길 수 있는 것이다.

정답은 말이 아닌 행동에 있다

마지막 사례는 '오케이 큐피드'라고 하는 미국의 모바일 데이트 플랫폼이다. 남성이든 여성이든 회원 가입해서 자기 스펙과 원하는 데이트 상대에 대한 정보를 입력할 수 있다. 이때 젊은 여성들은 연상의 남성을 만나고 싶다고 등록하는 반면, 나이 든 여성들은 연상의 남성 못지않게 연하의 남성도 좋다고 등록한다. 따라서 보통 만나고 싶은 남성의 나이로 위아래 서너 살 정도의 범주를 등록한다. 남성의 경우도 여성과 유사하다. 다만 남성의 경우, 젊은 남성이든 나이 든 남성이든 연상보다는 연하의 여성에게 좀 더 관심이 많다고 등록한다.

이제 등록을 마치면 오케이 큐피드 측에서는 서로 제시한 조건이 맞는 회원들을 여러 명 소개하는데, 물론 이때는 상대방 연령도 정확히 공개한다. 이 정보를 받은 회원은 프로필을 살핀 후 그 가운데 한 사람을 선택하여 문자를 보내고 응답이 오면 온라인에서 대화를 나누다가 의기투합하면 오프라인에서 만남을 시작한다.

오케이 큐피드는 프로필을 보고 누구에게 문자를 보내는지 회원들의 행동을 분석해서 통계를 냈다. 실제로 여성이 연락하는 사람은, 젊은 여성의 경우 평균적으로 연상남이었고 나이 든 여성의 경우 주로 연하남이었다. 그런데 남성의 경우 실제 문자를 보내는 대상은 남성의 나이와 무관하게 주로 20대 여성이었다. 특히 중요한 사실은 나이 든 남성의 경우, 등록 시에는 자신과 나이가 비슷하거나 심지어 연상의 여성에게도 관심이 있다고 했으나, 실제 만남을 위한 문자 보내기라는 행동에서는 절대로 연상에게 보내지 않았다는 것이다. 물론 남성이 연하 여성에게 문자를 보냈다는 것이지 데이트가 성사되었다는 뜻은 아니다.

이외에도 소비자들의 말과 실제 행동이 다르다는 것은 여러 데이터로 알 수 있는 사실이다. 따라서 마케팅 전문가들은 더 이상 소비자들에게 묻지 말아야 한다. 리서치업체는 소비자들에게 무엇이 불만인지, 무엇을 원하는지, 신제품을 구매할 것인지, 신제품의 가격이 얼마면 살 것인지 등을 끝없이 묻는다. 이때 소비자가 하는 대답은 사실과 다른 경우가 허다하다. 정답을 말하기가 부담스럽기도 하고 본인의 마음을 제대로 이해하지 못하기 때문이다.

이제 소비자는 물어볼 대상이 아니라 관찰의 대상이다. 묻지 말고 관찰해야 한다. 그들의 글과 행동을 관찰해야 한다. 그것이 훨씬 정확한 예측을 가져온다. 마케팅에서의 소비자 연구, 그 답은 소비자의 입이 아닌 행동에 있다.

리스크를 줄이는
데이터 인사이트

조기퇴사자를 예측할 수 있을까?

빅데이터 활용의 궁극적 목표는 그로부터 가치를 만들어
내는 것이다. 그 가치와 인사이트를 찾는 사례를 계속 이야
기해보겠다.

리스크 관리를 보자. 공공기관보다 민간 기업의 사례가
대부분인 이유는 새로운 기술을 적용하는 데 있어 기업이
훨씬 더 능동적이기 때문이다. 그렇다면 기업이나 조직이
처한 리스크, 즉 위험에는 어떤 것이 있을까? 그중 하나가
유능한 직원들이 퇴사하는 것이다. 특히 조기퇴사가 문제
다. 오래 다니다가 사정이 생겨서 그만두는 게 아니라 들어
오자마자 나가는 경우를 말한다.

요즘 젊은이들이 취업이 안 돼서 상당히 어려움을 겪는 다고 하지만 기업 입장에서는 반대로 구인난을 겪기도 한 다. 극단적인 사례로는 국내 굴지의 대기업에서 출근 첫날, 하루 근무하고는 퇴근길에 사직서를 놓고 나간 신입사원 도 있었다고 한다.

이와 같은 조기퇴사자들은 누구이며, 어떤 특징을 가지고 있으며, 그에 부합하는 인사이트를 발견하면 해당 기업은 어떤 액션을 취할 수 있을까?

미국의 유명한 프린터 제조 기업 제록스 콜센터의 경우를 보자. 예전의 이곳은 상담원들의 조기퇴사율이 높아 골 칫거리였다. 1인당 5000달러나 투자해서 한 달간 교육 훈련을 시키는데 현업에 배치되자마자 퇴사하는 경우가 많기 때문이다. 콜센터 직원의 업무는 하루 종일 조그마한 공간에 앉아 전화를 받는 것인데 이들에게 전화하는 고객은 대개 불평과 불만을 호소하는 사람들이다. 무언가 제품에 문제가 있어 짜증나고 화난 사람들의 목소리를 상대하는 것이 그들의 일상이다 보니 상당히 스트레스를 많이 받는 직업이 아닐 수 없다.

데이터가 아는 것은 '인과관계' 아닌 '상관관계'

제록스는 이력서와 함께 신입사원을 대상으로 실시한 적성 검사 데이터를 분석했다. 우리나라 대부분의 기업들도 인적성 검사라는 것을 한다. 제록스는 애널리틱스를 동원해서 조기퇴사하는 사람들에 대한 특징들을 찾아냈다. 우선 회사에서 멀리 거주하며 확실한 교통수단이 없는 사람 가운데 조기퇴사자가 많았다. SNS 활동이 전혀 없거나 5개 이상의 소셜네트워크를 가진 사람들의 조기퇴사 가능성도 매우 높았다.

또한 성격 검사에서 드러난 특징도 있다. 첫째, 궁금한 것이 너무 많은 타입inquisitive type이다. 예컨대 주변 사람들의 근황까지도 자신이 모든 것을 다 알아야 하는 사람들, 이것저것 끊임없이 물어보는 사람들 가운데 조기퇴사자가 많았다. 둘째, 공감을 너무 잘하는 사람, 그리고 셋째, 창의력이 낮은 사람들 가운데서도 조기퇴사자가 많았다.

이제 각각의 성격 유형에 대해 왜 이런 결과가 나왔는지 유추해보기로 하자. 궁금한 것이 너무 많은 성격의 직원은 퇴근 후 집에 가서 잠자리에 들어서도 호기심이 멈추지 않을 수 있다. 3시에 전화한 사람이 왜 자신에게 욕을 했는지 궁금함이 뇌리를 떠나지 않으면서 남들보다 더 스트레스를 받지 않았을까 추정해볼 수 있다. 또한 과도한 공감 능력을 가진 상담원은 지나치게 공감하다 보니 감정 노동이 너무 심해져서 힘들어지는 것이 아닐까 싶다. 끝으로 창의력이 좋은 사람은 고객이 안 좋은 말을 해도 그걸 창의적으로 해석해서 본인이나 제록스사의 문제가 아닌 전화를 걸어온 고객의 문제로 보는 게 아닐까? 단지 고객이 이상한 사람이라서 그럴 것이라고 매우 창의적으로 치부하는 능력이 뛰어난 것이 아닐까?

이러한 해석은 맞을 수도 있고 맞지 않을 수도 있다. 중요한 것은 우리가 데이터를 통해 도출한 인사이트는 상관관계만 밝혀진 것이라는 사실이다. 즉 인사이트는 상관관계다. 여기에서의 의미는 이런 저런 특징을 가진 사람들의 퇴사율이 훨씬 높다는 것으로, 그 이상도 이하도 아니다. 해당 특징이 직접적인 원인이 될 수도 있고 아닐 수도 있다. 즉 인과관계가 있는지 없는지의 여부는 알 수 없다.

상관관계와 인과관계의 차이는 이렇게도 설명할 수 있다. 예컨대 내 경우에는 세차만 하면 하루 이틀 후에 비가 온다. 이건 내가 오랜 시간 관찰하여 확인한 인사이트다.

그러나 이 둘 사이에 인과관계가 있는 것은 아니다. 다만 상관관계만 있을 뿐이다.

따라서 궁금한 것이 너무 많은 성격을 조기퇴사의 원인이라고 이야기할 수도 있겠지만, 아닐 수도 있다. 어쩌면 궁금한 성격과 조기퇴사에 동시에 원인으로 작용하는 어떤 숨은 요인이 있을 수도 있다. 이런 것을 잠재 요인이라고 한다.

예를 들어 책을 좋아하고 많이 읽어서 어휘력이 뛰어난 아이가 있다고 하자. 그 아이의 옆집에 사는 아이 친구의 엄마는 자기 아이도 책을 좋아하고 많이 읽었으면 한다. 그런데 우연히 옆집 아이 집에 가보았더니 그 집에는 책장도 많고, 그 많은 책장에 책이 정말 많이 꽂혀 있는 것이 아닌가. 이 엄마는 "아, 집에 책이 많으니 아이가 책을 좋아하게 되었구나"라는 결론을 내리고는 수백 권의 책을 주문하리라고 마음먹는다.

여기서 문제는 상관관계를 인과관계로 오인했다는 것이다. 사실 옆집 아이가 책을 좋아한다는 사실과 그 집에 책이 많은 것은 인과관계가 아니다. 실제로는 옆집 아이의 엄마가 책을 좋아하는 사람이고, 그래서 그 집에 책이 많은 것이고, 아이는 엄마를 닮아 역시 책을 좋아하는 것일 수 있다. 즉, 아이 엄마가 책을 좋아한다는 것이 잠재 요인이고, 그것이 책이 많다는 현상과 아이가 책을 좋아하는 현상의 원인으로 작용한 것이다. 책 읽는 것을 안 좋아하는 아이는 아무리 집에 책을 많이 사다 놓아도 책 읽기 싫어하는 자기 엄마를 닮아서 절대로 책을 읽지 않는다.

이렇게 도출된 인사이트를 근거로 의사결정을 내리는 경우, 이를 증거 기반 의사결정이라고 한다. 또는 팩트 기반, 데이터 기반이라고도 하는데, 다 같은 말이다.

조기퇴사자는 왜 20퍼센트만 감소했을까?

제록스는 앞서 나온 여섯 가지 인사이트를 가지고 증거 기반의 의사결정을 내렸다. 그리하여 그와 같은 성향의 지원자를 더 이상 선발하지 않았다. 현재 이 회사는 1년에 4만 8700명에 가까운 상담원 고용을 사실상 빅데이터 애널리틱스가 도출한 인사이트에 따라 결정한다. 이로써 소위 컴퓨터 또는 알고리즘이 사람을 채용한다는 소문이 돌기 시작했다.

제록스에서 새로운 기준으로 상담원을 채용하고 나서

퇴사율을 비교해보니 기존에 비해 조기퇴사율이 무려 20 퍼센트나 감소했다. 그런데 혹시 20퍼센트가 너무 적다고 생각하는가? 그렇다면 50퍼센트나 100퍼센트 감소하지 않은 이유는 무엇일까? 근본적인 문제는 데이터의 한계다. 제록스가 사용한 데이터는 이력서와 성격 검사밖에 없었다. 사실 조기퇴사의 이유가 이력서에 등장하는 집과의 거리나 교통수단, 그리고 소셜미디어 개수 또는 성격 검사 결과와만 상관관계가 있는 것이 아니다. 즉 거기에만 퇴사 이유가 등장하지는 않는다.

예를 들어 고향에 계신 어머니가 아프셔서 병간호를 해야 하는 처지라거나, 결혼해서 다른 도시로 간다거나, 아이를 출산하는 등의 사유로 회사를 그만두는 경우는 분석에 활용한 데이터에 반영되어 있지 않다. 분석가들이 확보할 수 있는 데이터는 단지 이력서와 성격 검사 데이터였고, 그 데이터가 갖는 퇴사의 원인이 대략 20퍼센트 정도 되었던 것이다.

나머지 80퍼센트의 조기퇴사자들까지 다 예방하기 위해서는 또 다른 정보, 예컨대 어머니가 아프신지, 곧 결혼할 예정인지, 또한 언제 아이를 낳을 것인지 등을 계속 물어봐서 데이터로 만들어야 하는데, 이는 현실적으로 불가능하다. 따라서 20퍼센트짜리 인사이트가 나올 수밖에 없었던 것이다. 결국 분석은 그 데이터가 포함하고 있는 인사이트만을 뽑아낼 수 있다.

데이터로부터 인사이트를 얻는 애널리틱스, 특히 데이터마이닝은 금광에서 금을 캐는 것에 비유되기도 한다. 만약 금광 안의 금 매장량이 100톤이라고 한다면 어떤 방법을 써도 그곳에서 200톤의 금이 나오는 것은 불가능한 일이다. 100톤을 다 캐내면 끝이다. 데이터도 그와 마찬가지다. 데이터도 그 데이터가 포함하고 있는 잠재적인 인사이트 양이 어느 정도인가에 따라 최대로 잘했을 때 그만큼의 인사이트가 도출되는 것이다.

따라서 제록스에서 이력서와 성격 검사 데이터만으로 20퍼센트의 조기퇴사자를 예방할 수 있었던 것은 괜찮은 성적이라고 할 수 있다. 실제 상황에서의 판단 기준은 20퍼센트가 아니다. 중요한 것은 데이터를 모으고 분석하는 데 드는 비용과 20퍼센트의 조기퇴사 감소를 금액으로 환산했을 때 절감되는 비용, 즉 편익을 비교해보는 것이다. 이와 같은 비용편익 분석cost benefit analysis을 통해 제록스는 이

것이 대단한 사업적 성공이라고 발표했다.

최고경영자의 철학이 데이터 가치를 창출하는 법

나와 같은 데이터 사이언티스트 입장에서는 제록스의 사례와 도출된 인사이트 자체가 놀랍지는 않다. 자세한 분석 방법이 공개되지는 않았지만 어떤 분석 방법을 썼을지 어렵지 않게 추정할 수 있다. 사실 이 사례에서 놀라운 점은 도출된 인사이트를 선발 기준 변경이라는 비즈니스 액션으로 실행했다는 것이다.

아무리 훌륭한 인사이트를 데이터로부터 도출해도 그것을 기반으로 액션을 실행해야 가치가 나오는 법이다. 조기퇴사자가 20퍼센트 감소했다는 것은 1인당 5000달러 상당액을 절감했다는 뜻이다. 이 결정을 내린 부서는 인사 부서다. 그런데 그 인사 부서는 데이터 사이언티스트들이 만들어온 인사이트를 어떻게 받아들였을까? 나는 분석가로서 이게 제일 궁금하다. 실제로 인사이트가 나온 대로 의사결정자가 그것을 실행하는 것은 정말 쉽지 않은 일이기 때문이다.

데이터로부터 인사이트가 도출되어도 현업에서 거부하

는 경우가 많다. 이유는 여러 가지가 있는데, 그중 하나가 분석가들을 신뢰하지 않기 때문이다. 인사 부서는 수십 년 간의 경험이 축적된 자체적인 노하우 가설을 가지고 있다. 사실 인사 부서뿐만 아니라 기업 내 모든 조직은 자체적인 노하우를 많이 가지고 있다. 그래서 데이터, 애널리틱스, 인사이트를 100퍼센트 신뢰하지 않는다. 특히 분석가들은 인사 전문가가 아니지 않는가? 그런 면에서 인사 부서의 결단은 놀랍다.

내가 생각하기에 그들의 결단 과정에는 두 가지 시나리오가 가능하다. 하나는 팀장을 포함한 인사팀 멤버들 다수가 애널리틱스 교육을 통해 실제 데이터로부터 인사이트가 어떻게 도출되는지 그 과정을 직접 체험해본 경우다. 아니면 최고경영자가 인사 최고책임자에게 빅데이터를 통한 인사 혁신의 임무를 주면서 혹시라도 발생할 수 있는 초기 문제에 대해 완전 면책을 약속했을 것이다. 어떤 경우든 간에 인사이트를 실행하는 데는 최고경영자의 데이터 기반 의사결정에 대한 지지가 필수라고 하겠다.

화가 난 고객의 다음 행동을 예측하다

금융사의 경우 고객이 금융감독원에 민원을 제기하면, 그 건수가 어느 수준을 넘어갔을 시 해당 금융사의 고위 임원까지 불려가 조사를 받게 된다. 이때 금융감독원은 그 민원이 정말 타당한 민원인지 여부를 판단하지 않고 무조건 민원 건수에 따라 조치를 취한다. 그렇다 보니 금융사 입장에서는 어떻게든 민원 건수를 줄이는 일이 중요해진다.

콜센터로 전화해서 강력하게 항의하던 고객이 과연 민원까지 낼 것인지의 가능성은 해당 상담원이 일차적으로 판단한다. 그래서 상담원이 '가능성 높음'으로 분류해놓은 고객에게는 상급자가 일일이 전화해서 그들이 요구하는 문제를 직접 해결해주고는 한다. 그런데 이 판단이 쉽지 않을 수가 있다. 화가 나서 소리 지르면서 끊어버리는 사람은 분류가 쉽다. 해당 고객이 화가 났다는 사실이 명백하기 때문에 민원 가능 대상자로 분류하면 된다. 그런데 조용한 말투로 "네, 그렇군요…. 흠…." 하고 끊어버리는 고객의 경우는 애매하다. 상담사의 설명을 이해하고 받아들인 건지, 아니면 더 이상 이야기하고 싶지 않아서 끊어버린 건지 알수 없기 때문이다. 이런 경우 상담원의 주관에 따라 다르게 분류될 수가 있다.

이와 같은 문제를 해결하기 위해 데이터를 통한 객관적인 민원 가능성 스코어 추출을 시도하기로 했다. 여기서 사용하는 데이터는 고객과 상담원 간의 대화 내용과 고객에 관한 인구 통계적 데이터를 포함한 모든 종류의 데이터가 포함된다. 고객의 직업과 주소도 고려할 수 있다. 업계에서는 특별히 민원을 많이 제기하는 직업군이 있다는 경험적 가설이 있다. 따라서 직업도 중요한 요소가 될 수 있다. 이 외에도 업계의 많은 가설에 등장하는 요소를 데이터화해서 추가할 수 있다.

중요한 점은 대화 내용이 녹취록 음성 파일로 저장되어 있기 때문에 텍스트 형태로 변환해야 하는데, 사람이 일일이 들으면서 텍스트화하는 방법은 시간적으로 너무 오래 걸린다는 것이다. 하지만 최근에는 음성을 텍스트로 변환해주는 STT 소프트웨어의 성능이 좋아져서 이를 활용할 수 있다. 이로써 대화 내용 텍스트가 확보되면 고객이 사용한 단어 등을 분석할 수 있다. 예를 들어 '민원'이라는 단어를 사용했는지, '금감원'이라는 단어를 사용했는지는 매우 중요한 요소가 된다.

텍스트 정보 이외에도 음성 데이터 자체도 활용할 수 있다. 고객이 어떠한 목소리 톤을 사용했는지, 처음보다 나중에 음성이 많이 올라갔는지 등등 수많은 요소들을 뽑아낼 수 있다. 이런 다양한 요소들을 모두 데이터화해서 최종적인 판단 과정을 거쳐 민원 접수 가능 스코어를 계산하는 것이다.

돈의 흐름을 추적하는
데이터 분석의 힘

기업을 알리는 회사의 자기소개서

이제 금융 분야로 가보자. 금융사에서는 기업들을 업종별로 나누는 일이 중요하다. 용도는 매우 다양한데 가장 중요한 이유는 펀드를 위한 포트폴리오를 만들기 위해서다. 펀드에는 전자 펀드도 있고 식음료 펀드도 있는데 그와 같은 상품을 운용하려면 전자 업종의 회사와 식음료 업종의 회사들을 알아야 한다. 그래서 이런 분류 시스템이 필요한 것이다. 또 다른 용도는 해당 업종 내에서의 특정 기업의 성적을 판단하는 근거로 사용하기 위해서다. 코카콜라의 절대적인 실적치 및 각종 지표도 중요하지만 식음료 업종 내에서의 상대적인 위상도 중요하기 때문이다.

우리나라에는 증권거래소에 700여 개, 코스닥에 500여 개 상장기업이 있어서 합치면 대략 1300개 정도의 기업이 있다. 미국은 국제신용평가사 스탠더드앤드푸어스S&P가 선정한 500개 주요 기업(S&P 500)이 있지만, 거래가 많은 상장회사는 대략 3000개이고 주식 시장이 아닌 곳에서 거래되는 소규모 회사는 대략 1만 5000개다. 전 세계적으로는 수만 개의 회사가 존재하는데, 이 가운데 투자자들이 관심을 가질 만한 회사를 대상으로 비슷한 업종별로 묶어 유형화하는 것이 기업 분류다. 주요 신문의 오늘의 주가 시세를 보면 삼성전자와 LG전자가 있는 식으로 전자, 화학, 서비스, 기계 등으로 회사 업종이 분류된다.

그렇다면 어떠한 근거를 가지고 A사와 B사가 같은 업종이라고 판정할 수 있는 걸까? 우리 연구팀은 기업이 매년 초에 지난 1년 동안 무슨 사업으로 돈을 얼마나 벌었고, 그 돈을 어디에 썼는지 등의 내역을 아주 자세히 적어서 금융감독원(미국의 경우 증권거래위원회SEC, securities and exchange commission)에 제출하는 사업보고서(미국의 경우 10-K)를 활용하기로 했다.

사업보고서 맨 앞부분에 등장하는 '회사의 개요'(미국의 경우 비즈니스 세션business section)에는 회사의 사업 배경, 비즈니스 전략, 주요 판매 제품, 미래 방향, 예상 경쟁 등이 비교적 자세히 언급된다. 여기에는 우리가 이렇게 좋은 회사이고 앞으로 전망이 밝으니 주식을 많이 사달라고 하는 의미도 있다. 이 글이 특히 중요한 것은 자신이 보는 자신, 즉 자기소개서라는 점이다.

기업소개서로 기업을 분류하다

여기 '회사의 개요' 부분에 등장하는 단어들은 그 회사를 잘 수식한다. IT 회사의 경우에는 소프트웨어, 인터넷, 클라우드 같은 단어들이 등장하고, 금융 회사의 경우에는 뱅크, 리스크, 브로커 같은 단어가 등장할 것이다. 등장하는 단어들이 유사하면 같은 업종일 것이고, 단어들이 다르면 다른 업종일 것이다. 이제 남은 일은 각 회사의 문서에 등장하는 단어들을 수치화한 후, 이 수치들에서 분포의 유사도를 계산하는 것이다.

우리는 워드투벡word2vec이나 독투벡doc2vec 같은 기법을 활용해서 단어와 회사 문서를 수치화한 후, 거리 유사도를 계산해 비슷한 단어와 비슷한 회사들을 그룹으로 묶었다.

IT

Financials

Food & Leisure

Media & Communication

사업보고서에 등장하는 단어를 기반으로 S&P 500 기업들의 업종을 자동 분류한 것이다.

그 결과 몇 가지를 보면, 위 그림 좌상단에 보이는 그룹에는 high, cloud, based, software, service, desktop, platform, hardware, mobile, computing, networking, interoperate, interface, virtualization, app, ios 등이 속해 있다. 해당 단어들을 많이 사용하는 기업들은 애플, 페이스북, AT&T, 알파벳(구글), Class A, Class C, 아마존, 버라이즌(통신사), 페이팔, 텍사스 인스트루먼트, IBM 등이다. 즉 모두 IT 및 통신 기업들이다.

컴퓨터가 S&P 500 기업의 기업소개서를 읽고 비슷한 단어를 사용하는 기업을 자동으로 묶은 것인데, 단어의 크기는 발생 빈도에 비례하고, 회사명 크기는 시가총액에 비례하게 만들었다. 상단에 표시한 IT, Financial 등의 분류어는 내가 회사들을 보고 판단해서 적어 넣은 것이다.

좌하단 그룹에서는 juice, beverage, food, drink, cigarette, meat, bland, flavor, coffee, snack 등의 단어가 많이 등장하는데, 이 회사들의 면면을 보니 코카콜라, 펩시콜라, 맥도날드, 몬스터 비버리지, 크래프트, 하인즈 등이다. 식음료 회사라는 것을 알 수 있다.

우상단 그룹에서는 broker, institution, face, bank, risk, banking, deposit 등의 단어들이 많이 등장하고, 이 회사들은 다 상업은행이나 투자은행, 증권사 등이다. 우하단 그룹에서는 video, audience, movie, tv, television 등의 단어가 많이 등장하고, 회사는 타임워너, 월트디즈니, 21세기폭스 등으로 미디어 커뮤니케이션 회사들이다. 이런 식으로 500개 기업을 10개 영역으로 분류할 수 있었다.

회사의 변신을 추적하다

세계 대부분의 금융사들은 1999년에 개발한 GICSglobal industry classification standard라는 기업 업종 분류 체계를 사용하고 있다. 이 체계는 모건스탠리캐피털인터내셔널MSCI와 스탠더드앤드푸어스가 20년 전에 전문가들 수십 명을 모아 작성한 것이다. 몇 주간 수많은 회사를 상대로 그들 기업들에 대한 노하우를 바탕으로 해서 수작업으로 만들었다. GICS 같은 분류 체계와 우리 연구팀이 구축한 빅데이터 기반의 분류 체계를 비교해보자.

빅데이터 기반 체계의 장점은 첫째가 객관성이다. GICS 작성에 동원되는 전문가들은 물론 이 분야의 최고 전문가이지만, 전적으로 사람의 경험과 기억과 지식에 의지할 때 발생할 수 있는 문제를 고스란히 가지고 있다. 반면 빅데이터를 바탕으로 구성되는 시스템은 공식 문서인 사업보고서 내 회사의 개요 부분에 등장하는 기업들 자신에 대한 소개서로 만들었다. 그 같은 스스로의 가장 정확한 소개서에 등장하는 단어의 분포를 정량화해서 객관적으로 구성한 것이다.

둘째는 작성하는 데 소요되는 시간 및 비용이다. 당연

히 빅데이터 기반의 인공지능 기업 분류 체계는 몇 시간 만에 작성할 수 있다. 비용도 최소로 소요된다. 이 점이 중요한 이유는 사실상 회사는 끊임없이 변신하기 때문이다. 아마도 변신에 능한 대표 회사를 들라고 하면 아마존이 손꼽힐 텐데, 아마존은 처음에는 서점으로 출발한 기업이다. 아마존 기업의 자기소개서에는 애초에 온라인 서점이라고 스스로를 소개하고 있다. 그러던 것이 음반도 팔고 옷도 팔고, 하다가 지금은 농심 컵라면까지도 팔고 있다. 조만간 차도 팔고, 결국엔 집이나 빌딩도 팔 것 같다.

이와 같은 변화에 따라 해당 회사가 속하는 업종 역시 달라져야 한다. 그런데 GICS는 1999년 판을 아직도 사용하고 있다. 하지만 기업보고서의 경우, 10-K는 연차보고서이지만 10-Q는 분기마다 나오는 보고서이므로 이것을 사용하면 매 분기마다 분류 시스템을 업데이트할 수 있다. 즉 빅데이터 기반 분류 시스템은 3개월마다 가장 새로운 회사의 정체성을 담아낼 수 있는 것이다.

중앙은행 총재 연설에서 새롭게 등장하는 단어는?

다음으로 세계 경제를 모니터링해보자. 세계 경제에 대한 이야기는 늘 화제의 중심을 차지한다. 미국과 중국이 본격적인 싸움을 시작한 현재, 앞으로 세계 경제는 어떻게 될 것인가? 미국은 계속 금리를 올리고 있는데 어디까지 올릴 것인가? 이렇게 되면 이머징 마켓emerging market에서 자금이 빠져나가 금융 위기가 오는 것은 아닌가? 그렇다면 피해는 어느 정도가 될까?

전 세계 모든 나라에는 중앙은행이라는 게 있다. 우리나라는 한국은행이, 일본은 일본은행이, 영국은 영국은행이 중앙은행이다. 유럽연합의 중앙은행은 유럽중앙은행이다. 다만 미국에는 중앙은행이 존재하지 않는다. 18세기에 중앙은행을 만들려는 대통령의 시도가 있었지만 자본가들에 의해 실패한 바 있다. 대신 미국은 연방준비제도federal reserve system라는 조금은 애매한 조직이 중앙은행 역할을 대체하고 있는데, 그곳 의장 임기는 몇 년밖에 되지 않아 벤 버냉키에서 재닛 옐런을 거쳐 지금은 제롬 파월이 맡고 있다.

그런데 이 중앙은행 총재들이 전 세계를 다니면서 세계 경제에 대해 연설을 하고, 이 모든 연설 내용을 누군가가 문서화한다. 그 문서화된 연설문이 국제결제은행BIS, bank for international settlements에 있다. BIS 비율이 어떻다는 이야기를 많이 하는데, 그 BIS다. 스위스에 있는 이 은행 홈페이지에 가면 CBS^{central banker speech}라는 폴더 아래 그 연설문이 있는데, 그곳에서 2001년부터 2013년까지 약 13년치 연설문을 가져왔더니 그 수가 무려 8868개나 되었다.

그래서 이것들을 컴퓨터에게 읽고 요약해달라고 했다. 요약하는 방법에는 여러 가지가 있겠지만, 우리 연구팀이 택한 방법은 작년 대비 사용 횟수가 갑자기 증가한 단어를 찾는 것이었다. 이들은 모두 은행장들이기 때문에 당연히 '은행'이라는 말을 가장 많이 쓴다. 그리고 금리, 주식시장, 대출과 같은 단어들이 부지기수로 등장한다. 따라서 이처럼 매년 어느 나라 총재나 많이 사용하는 단어에는 관심이 없다. 대신 전년 대비 갑자기 많이 등장한 단어에 관심이 있다.

그래서 2004년부터 2013년까지 미국 연방준비제도이사회와 유럽중앙은행, 영국은행, 독일은행, 일본은행의 은행장이 공통적으로 전년 대비 많이 사용한 단어들을 찾아보았다. 2004년의 경우 확실히 나라마다 자기의 관심이나 처한 상황에 따라 다른 단어들을 쓴다는 것이 나타났다. 또한 공통적으로 '지속 가능성'이란 단어가 많이 등장했다.

미국은 기업 지배권에 대한 스캔들 이슈로 해당 단어가 많이 나왔고, 독일에서는 정부 예산의 적자, 재정적자 같은 단어가 많이 등장했다. 독일은 적자를 싫어하는 나라로 유명하다. 또한 일본에서는 양적완화라는 단어가 많이 나왔는데, 경기부양책으로 정부가 나서서 돈을 살포한다는 뜻이다. 그리고 2005년이 되면 중국과 인플레이션이라는 단어가 공통적으로 많이 등장한다.

지금 알고 있는 것을 그때도 알았더라면

2007년에는 서브프라임 모기지subprime mortgage라는 단어가 공통으로 등장한다. 서브프라임 모기지는 신용등급이 낮은 저소득층을 대상으로 주택자금을 빌려주는 미국의 주택 담보 대출 상품을 말한다. 그리고 이어서 등장하는 단어 '압류'는 대출받은 사람이 돈을 못 갚음으로써 대출자의 집이 은행으로 넘어간다는 뜻이다. 자기 집에서 쫓겨나는 불행한 일이 일어난 것이다.

세계 금융 위기가 일어난 것이 2008년 9월의 일이다. 당시 리먼브라더스 사태로 우리나라 원 달러 환율은 900원, 1000원 하던 것이 몇 달 사이에 갑자기 1500원, 1600원까지 치솟았다. 미국 월가의 대표적 투자은행인 리먼브라더스가 모기지 주택 담보 투자로 수익을 올리다가 지나친 차입금과 주택 가격의 하락으로 파산을 맞았다. 미국의 금융 시스템 붕괴는 우리나라 경제에도 엄청난 파급효과를 가져와 대량의 실직자가 발생했다.

연설문 분석이 보여주는 놀라운 인사이트는 중앙은행 총재들이 리먼브라더스 사태가 발생하기 전인 2007년에 이미 이러한 위험에 대한 이야기를 하고 다녔다는 사실이다. 만약에 진작 이런 분석을 했었다면, 금융 위기를 맞기 1년 전에 이와 같은 단어의 등장을 수상히 여겨 최소한의 방어 액션이라도 취할 수 있었을 것이다.

2008년이 되면서 혼란, 압류 등의 단어가 본격적으로 대거 등장하고, 2009년이 되면 위기라는 단어가 증가하면서 리먼브라더스 증권사에 대한 이야기를 많이 하게 된다.

한편 2010년이 되면 개혁이라는 단어가 많이 등장하는데 당연히 금융 시스템을 개혁했다는 이야기다. 그와 동시에 회복이라는 단어가 등장하는데 금융 위기로 주가가 폭락했다가 다시 회복하는 것이 2011년이다. 즉 실제로 회복되기 1년 전에 이미 회복한다고 중앙은행 총재들이 연설하고 다녔다는 것이다.

진작 연설문을 분석했으면 그래도 뭔가 조금이라도 액션을 취하는 것이 가능하지 않았을까 하는 아쉬움이 든다. 따라서 기업이나 한국은행 같은 중요한 기관에서 관련 자료를 체계적으로 분석하는 것, 이것이야말로 인사이트를 얻는 최고의 길이라고 생각한다. 인사이트를 보고 어떤 액션을 취하느냐 하는 것은 각자의 관점과 역할에 따라 달라진다. 한국은행, 우리나라 정부와 기업, 개인이 다 다르다. 그러나 중요한 것은 이러한 분석을 꾸준히 수행해서 지속적으로 인사이트를 도출하고 적절한 실행을 한다면 리스크를 최소화할 수 있다는 점이다.

실적 컨퍼런스콜, 소문에 사고 뉴스에 팔라?

다음으로는 실적 컨퍼런스콜 분석이다. 상장기업들은 분기별로 실적을 발표해야 한다. 어디에서 얼마를 벌었고 얼마만큼 쓰고 얼마가 남았다는 식의 실적 발표를 문서화해서 금융감독원에 제출하고 공개한다. 그런데 기업들이 실적을 발표하기 전부터 증권사 분석가들은 예측을 한다. 이번에 삼성전자는 어느 정도의 실적을 올릴 것이라는 등의 이야기를 한다. 평소에 해당 기업에 대해 꾸준히 관찰하고 사업 환경 변화를 끊임없이 연구하는 분석가들의 분석이기에 투자자들은 상당한 신뢰를 갖고 이들의 말에 귀를 기울이게 된다.

분석가들은 예컨대 반도체 수요의 많은 부분을 차지하는 휴대폰 매출이 감소했다면 삼성전자 실적을 낮게 잡는 식으로 판단한다. 그러다가 막상 실적이 발표되면 언론 기사는 '예상을 뛰어넘는 실적'이라고 하기도 하고, '실망스러운 실적'이라고도 한다. 이때 실망스럽다는 것은 절대적인 실적이 낮다는 뜻이 아니다. 200을 벌 줄 알았는데 220을 벌면 예상을 뛰어넘는 것이고, 그와 달리 180을 벌면 실망인 것이다.

시장에서는 실적 발표가 나기도 전에 이미 주가가 오른다. 왜 그럴까? 시장의 컨센서스consensus, 즉 예측 값에 대한 합의가 있었기 때문이다. 그러다가 200까지 나올 줄 알았던 실적이 실제로는 180밖에 나오지 않으면 실망 매물이라고 해서 주식을 매도하는 사람이 많아지고, 그러면 주가가 대폭 떨어진다.

실적을 발표하는 날이나 2~3일 후에 상장사는 컨퍼런

스콜이라는 것을 한다. 컨퍼런스콜이란 CEO와 재무를 담당하는 CFO가 투자자들과 전화로 연결해서 각종 질문을 받는 자리를 뜻한다. 이때 주로 증권사의 분석가들이 전화해서 CEO에게 다음처럼 질문한다. "이번에 무려 200이나 실적을 내셨습니다. 그런데 다음 분기에도 이렇게 내실 수 있나요? 반도체 수요가 줄어든다는 이야기가 많던데."

그러면 CEO가 그에 대한 자기 생각을 이야기하는데 여기서 자사의 실적을 비관적으로 전망하는 CEO는 별로 없다. 그렇게 되면 주가가 급락하기에, 떨어진다는 사실은 인정하면서도 어떻게든 표현을 완화해서 시장을 달래는 답변을 한다. 컨퍼런스콜 녹취록은 텍스트로 변환되어 음성 파일과 텍스트 파일이 함께 홈페이지에 올라간다.

그러니까 실적이 좋았어도 주가가 떨어지는 경우는 컨퍼런스콜에서 해당 기업의 전망이 밝지 않았던 경우다. 기업의 주가는 기업의 미래 가치다. 지금 당장 수익이 높아도 향후 6개월이나 1년 후에 수익이 감소한다고 시장이 판단하면 주가는 곧바로 떨어지게 된다. 컨퍼런스콜에서 CEO와 CFO가 말한 내용과 방식이 중요한 이유다.

구석구석 신경 써주는, 너무도 친절한 데이터

우리 연구팀은 몇 나라의 대표 기업들을 대상으로 컨퍼런스콜 내용을 분석해보았다. 기업이 투자자 회의 일시를 공표하고 전화할 곳을 알려주면 기업의 분기별 실적 전화 대화가 시작된다. 그리고 전화 대화가 끝난 후 이 소식이 알려지면 그때부터 주가가 움직이기 시작한다.

이때 CEO와 애널리스트들이 무슨 대화를 나누었는지를 자연어 처리 기술을 이용해 텍스트를 분석한다. 과연 CEO가 내년에도 실적이 좋을 것이라고 했는지, 아니면 약간 떨어질 수도 있다고 했는지 그 말을 컴퓨터에게 분석하도록 해서 주가를 예측하고자 한 것이다.

애널리스트들이 어떤 질문을 던지느냐 또한 CEO의 답변 못지않게 중요하다. 그 질문을 통해 일반인들이 잘 모르는 기업의 내밀한 사정을 알 수 있기 때문이다. 예를 들어 "내년에 경쟁사가 중국에 공장 20개를 더 짓는다고 하는데, 과연 버틸 수 있을까요?"라고 물어보는 것 자체가 매우 비관적인 정서를 포함하고 있다. 질문의 정서가 중요한 인사이트다.

어떤 연구팀은 목소리도 분석했다. 애널리스트가 "내년

에는 실적이 안 좋겠죠?"라고 물어볼 때 CEO가 편안한 목소리로 "그럴 리가 없다"고 하는지, 아니면 갑자기 흥분해서 말이 빨라지는지 그 음성을 분석한다. CEO의 말이 빨라지거나 톤이 올라간 경우, 주가가 떨어지는 경우가 많다고 한다. CEO가 보통 사람들은 도저히 알아들을 수 없는 어려운 용어를 쓰면서 설명하는 경우에도 주가가 떨어지는 예가 많다는 것을 발견했다. 안 좋은 상황을 인정하기 싫어서 어려운 말과 복잡한 표현으로 적당히 피하려는 것은 아닐까 하는 추측을 할 수 있다.

컨퍼런스콜이 끝나면 콜에서 오간 이야기를 직업적으로 분석하는 사람들이 있는데 그들이 증권사 애널리스트들이다. 이들은 자신들이 직접 질문도 하지만 다른 분석가들의 질문과 중역들의 대답을 분석해서 수정된 미래 예상 주가를 발표한다. '이 주식은 매수, 저 주식은 보유, 또 저 주식은 매도' 하는 식으로 정리한다. 그런데 전문 분석가가 잘하고 있는데 왜 굳이 인공지능으로 컨퍼런스콜 내용을 분석해야 할까?

전 세계 주식 수는 수만 종이다. 전문 분석가가 시간과 정성을 쏟아부으면서 분석하는 종목은 대략 상위 20퍼센트 이내다. 나머지 80퍼센트 상장사에 대해서는 아무도 분석을 하지 않는다. 하지만 다양한 주식을 포함한 포트폴리오를 가지고 있는 투자자 입장에서는 모든 상장사를 분석해주기를 바란다. 그래서 빅데이터를 활용하는 것은 사람의 일을 대체한다기보다도 사람이 신경 쓸 수 없는 부분, 일일이 다 분석할 만한 가치가 없다고 생각되는 작은 일들을 데이터 분석으로 대신하는 것이다.

알파고가 가져온 우리 모두의 '겸손'

다시 한 번 강조하지만 데이터 인사이트 가치에서 가장 중요한 것은 가치다. 어떤 가치를 만들 것인지가 제일 중요하다. 그리고 이를 위해서 어떤 인사이트가 필요한지, 그다음에 그 인사이트를 뽑기 위한 데이터는 무엇인지를 찾아야 한다. 그런데 가치를 창출할 때 현실에서 꼭 기억해야 하는 것은 새로운 인사이트를 적용해보는 일, 즉 실제 액션을 취한다는 것 자체가 바로 리스크라는 사실이다.

예를 들어 앞서 언급했듯이 인사 부서에는 기존의 방식이 있다. 수십 년간 인재를 채용해온 경험으로 어떠한 사람을 뽑아야 한다는 소위 그 분야의 기준이나 관행이라는 것이 있다. 이를 두고 누군가는 좀 심하게 표현해서 도그마라고도 이야기하는데, 그러한 신념이 지나쳐 종교의 경지에 이른 경우도 있다. 사실 모든 분야에는 그와 같은 종교적인 믿음이 있다. 그래서 그 믿음에 배치되거나 또는 근거 없이 느껴지는 인사이트를 보면 거부감을 가질 수 있다.

그런데 이와 같은 거부감은 최근 2년 사이에 많이 줄어들었다. 바로 알파고 덕분이다. 바둑의 승자 알파고는 이렇게 해야 바둑에서 이긴다고 믿어왔던 기존의 길을 벗어나 정석과 다른 길로 갔기 때문에 승리했다. 전문가인 내가 이해하지 못했다고 해서 인사이트가 틀린 것이라고 할 수 없다는 사실을 전 국민 앞에서 증명한 것이다. 알파고 덕분에 내가 모르는 길이 있을 수 있다는 것을 대한민국의 많은 전문가가 깨달았다. 이를 인정하면서 모두가 겸손해졌다.

그래도 의사결정자 입장에서 새로운 인사이트를 액션화한다는 것은 상당히 불안한 일이다. 게다가 윗사람이 그 결과에 대해 책임지라고까지 하면 더욱 불안해진다. 이에 대한 극복 방법은 새로운 인사이트를 적용할 때 단계별로 접근하는 것이다. 예를 들어, 현재 4000명의 직원을 채용한다면 어느 날 갑자기 빅데이터가 제공하는 인사이트로 새로운 방식을 적용해 전원 채용할 것이 아니라 단계적으로 비율을 늘려나가는 것이다. 처음에는 20퍼센트만 적용하고, 그다음에는 40퍼센트를 적용하는 식으로 말이다.

정부도 시범사업이라는 것을 하지 않는가. 국가 차원에서도 하나의 지역을 대상으로 시범사업을 해서 그 결과가 좋으면 전국적으로 확대하는 것처럼 기업에서도 조금씩 데이터 인사이트의 적용 비율을 늘려가면 된다. 이렇게 시범사업의 피드백을 보고 판단해서 조금씩 나아가는 게 장기적으로 기업의 이익을 가져올 수 있다.

빅데이터가 개인의 측면에서 봤을 때
이롭기만 할까?

빅데이터는 신기술이다. 질문을 조금 바꾸면 신
기술이 개인에게 미치는 영향이 될 것이다. 사실
상 인류는 신기술 덕분에 진보해왔다. 증기기관,
자동차, 전기, 컴퓨터가 등장해 사회 전체적인 생
산성이 획기적으로 향상되지 않았는가. 다만, 일
부는 손해를 보기도 한다. 예컨대 자동차가 등장
하면서 마부는 일자리를 잃었다.

또한 생산성이라는 득이 있듯이 실도 있다. 자

동차는 공해를 일으키고 추돌사고로 인해 수많은 생명을 앗아간다. 음주운전도 끊이지 않는다. 그래서 차를 다 없애고 옛날처럼 마차를 타고 다닌다면 마부도 일자리를 찾고, 공해도 줄어들고, 많은 생명을 구할 수 있다. 그러나 그렇게 되면 우리가 자동차로 성취한 생산성도 다시 잃게 된다. 이와 관련하여 설계, 생산, 판매, 수리, 보험 분야의 수많은 사람이 일자리를 잃게 된다. 마부의 실직보다 더 많은 손해가 발생하는 것이다. 결국 모든 신기술은 득을 유지하면서 실을 최소화하는 방향으로 받아들여졌음을 알 수 있다.

빅데이터와 인공지능은 그동안 사람들이 하던 일, 그중에도 반복적이고 지루한 일을 대체하고자 한다. 예를 들어, 운전이나 콜센터 응답이 대표적이다. 그리고 자율주행을 통해 교통사고는 거의 사라지게 될 것이다. 소중한 목숨과 부상을 방지할 수 있게 된다. 차량 충돌도 사라지게 되어 수리 비용도 없어진다. 자원 낭비도 최소화되는 것이다.

우리 사회는 빅데이터와 인공지능이 등장하기 전에도 단순 정보통신 기술을 이용하여 생산성 향상을 꾀하고 있었다. 고속도로 하이패스는 톨게이트비를 자동납부하고, 패스트푸드점 키오스크는 주문을 대행하고, 스마트폰은 커피 선주문에 쓰이기도 한다.

모든 다른 신기술이 그렇듯이 빅데이터와 인공지능은 우리에게 엄청난 생산성 향상을 가져다줄 것이다. 이러한 득이 있는 만큼 얼마간의 실도 존재한다. 결국 이러한 실을 어떻게 하면 최소화할 수 있는지는 정부의 고민이 되어야 한다. 단기적으로 사라지는 업종의 사람들이 업종 전환을 할 수 있게 새로운 교육 기회를 제공해주는 등의 도움이 마련되어야 한다. 아무튼 자동차를 포기하고 말 타고 다니는 것이 논의의 대상이 될 수 없는 것처럼, 빅데이터를 취할 것인가 말 것인가도 논의의 대상이 될 수 없다.

3부

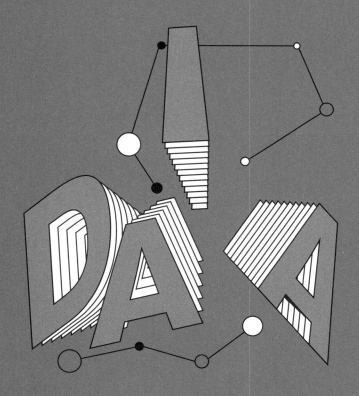

빅데이터가

'가치'로
탄생하기
까지

알파고의 등장으로 인공지능과 빅데이터의 가치에 대한 인식이 많이 바뀌었다. 세상을 움직이는 인공지능과 데이터의 위력을 모두 알게 된 것이다. 이제 빅데이터를 인사이트로 변환시키는 애널리틱스는 무엇인지, 그 가운데 인공지능과 머신러닝은 무엇인지 살펴보자.

애널리틱스,
데이터를 분석하다

현재를 보는 인사이트, 미래를 보는 포사이트

데이터는 애널리틱스를 통해 인사이트로 변환되며, 인사이트는 협의의 인사이트와 포사이트로 나눌 수 있다. 협의의 인사이트는 대상에 대한 묘사와 원인 분석, 포사이트는 대상에 대한 예측을 뜻한다. 전자가 무슨 일이 일어났는지 혹은 일어나고 있는지와 그 이유는 무엇인지에 관한 것이라면, 후자는 앞으로 어떻게 되는지에 관한 것이다. 대개의 경우 후자 쪽이 더 인기가 있는데, 모든 사람은 미래를 예측하고 싶어 하기 때문이다.

태스크task란 인사이트를 도출하기 위해 데이터에 대해 우리가 수행하는 작업을 뜻한다. 과거와 현재를 묘사하는

단계	분석	태스크(소프트웨어 및 기법)
1	묘사	시각화: 스팟파이어(Spotfire), 태블로(Tableau) 연관분석: 어 프라이오리(A Priori)
2	진단	클러스터링: K-평균 군집화(K-Means Clustering), 계층적 군집화(Hierarchical Clustering), SOM 신경망(Self Organizing Map Neural Network)
3	예측	예측: 의사결정나무(Decision Tree), 회귀분석(Regression), 지지벡터 회귀분석(Support Vector Regression), 다층 퍼셉트론 신경망(Multilayer Perceptron Neural Network) 분류: 의사결정나무, 로지스틱 회귀분석(Logistic Regression), 지지벡터 머신(Support Vector Machine), 다층 퍼셉트론 신경망 이상탐지: 가우시안 혼합 모형(Gaussian Mixture Model), 오토인코더 신경망(Auto-encoder Neural Network)
4	처방	최적화: 선형 및 정수 최적화(Linear and Integer Optimization), 진화 알고리즘(Evolutionary Algorithm)

애널리틱스 4단계

인사이트 관련 태스크에는 시각화, 연관분석association mining, 클러스터링clustering이 있고, 미래 예측인 포사이트 관련 태스크에는 예측 및 분류와 이상탐지anomaly detection가 있다. 총 다섯 가지의 분석 태스크가 있는 것이다. 이는 앞서 소개한 4단계 분석 방법에서 1, 2, 3단계를 차지하는 것으로, 4단계 처방분석은 빅데이터 기반이 아닌 알고리즘 기반의 분석 방법이다.

여기서 태스크는 작업이고, 작업을 하는 수단은 기법이다. 요리에서 태스크는 끓이기, 찜, 튀김, 볶음, 구이 등이고 이런 작업을 하는 수단이 솥, 찜통, 프라이팬, 석쇠 같은 기구다. 찜 요리에는 찜통이 필요할 것이고, 볶음 요리에는 프라이팬이 필요하고, 구이의 경우 생선은 석쇠를, 고기는 프라이팬을 사용한다. 요리사가 다양한 조리 태스크와 기구를 마스터해서 이 모든 것을 자유자재로 사용할 줄 아는 것처럼 데이터 사이언티스트도 다섯 가지 태스크와 다양한 기법을 자유자재로 사용한다.

작업 수단을 뜻하는 기법에는 K-평균 군집화, 의사결정나무, 신경망 등 여러 종류가 있는데, 한 가지 기법이 다양한 태스크에 사용되기도 한다. 예를 들어 신경망은 클러스터링, 예측 및 분류와 이상탐지 태스크 등 다양한 곳에 사용된다.

다섯 가지 분석 태스크는 어디에 쓰이는가

다섯 가지 분석 태스크의 사례를 짚어보자. 첫째, 시각화 사례다. 앞서 에어컨 실내기 작동을 언급한 바 있다. 에어컨 실내기가 24시간 동안 어떻게 작동했는지를 점으로 표현해서 그 시각화된 점의 패턴이 우리에게 직관적인 인사이트를 준다고 했다. 특정 연도 배터리 또는 특정 모델에 어떤 사연들이 있었는지와 당시 설계의 문제점들을 보여주는 것으로, 이는 텍스트를 시각화해준 것이라 할 수 있다.

둘째, 연관분석의 사례로는 오븐을 이야기했다. 소셜미디어에 올라와 있는 오븐에 대한 소비자들의 평가를 모아놓은 것, 단어와 단어의 연관 관계를 살펴보았다. 즉 '오븐' 하면 '실패'라는 단어가 연관 검색어로 등장한다든지, 아니면 '엄마'나 '간식'이 등장한다는 식의 연관성을 찾아주는 분석이다.

셋째, 클러스터링 사례다. 신용카드사의 우수 고객 30만 명을 성향별로 나눠 신용판매를 많이 쓰는 사람, 현금서비스로만 카드를 쓰는 사람 등으로 그룹을 만들어 판매를 촉진한 사례에서 쓰인 기법이 클러스터링이다. 한자로는 군집화라고도 한다. 기업소개서를 보고 유사한 회사들끼리 묶어놓은 것도 클러스터링이다.

넷째, 포사이트 태스크인 예측 및 분류에서 예측은 인공지능 알파고를 떠올리면 된다. 알파고는 지금 상황에서 바둑알을 어디에 놓아야 승리할지, 현재 이길 확률이 얼마가 될지 끊임없이 예측하며 바둑을 둔다. 분류는 자율주행차의 사례에서 볼 수 있다. 주행 시 속도 제한 표지판의 '60'이라는 이미지를 보고 그것을 60이라는 숫자로 인식하는 것이다. 페이스북에서 사진을 보고 이 사람의 이름을 찾는 것도 분류다.

컨퍼런스콜 내용으로 해당 회사 주식 가격의 미래 방향이 상향인지 하향인지를 판단하는 것도 예측 및 분류에 들어간다. CEO의 정서를 파악하는 것도 일종의 분류다. 지금 CEO의 목소리가 흥분되어 있다, 뭔가 감추려는 것 같다, 매우 편안하게 이야기하고 있다 등을 파악하는 것이다.

신용카드사 회원 개인에 대해서 플래티넘 고객과 비슷한 패턴으로 카드를 쓰는지 여부를 판단하고, 특정 스펙의 선박을 만들려면 건조 기간이 얼마나 걸리는지를 예측하며, 개봉을 앞둔 영화의 관객 수가 얼마나 될지, 누가 조기 퇴사할지, 콜센터에 전화한 고객이 민원을 제기할 가능성이 얼마나 될지를 추정하는 것도 예측 및 분류에 속한다.

끝으로 포사이트 도출 태스크인 이상탐지는 기계 장비의 이상 상황을 발견하는 것이다. 기계가 아직 작동하고는 있으나 평소와는 다른 양상을 보이는 것을 탐지하는 것이다. 이때 이상하다는 것은 고장이 났다는 것이 아니라 평소와는 다르다는 것을 뜻한다. 누군가 밤 11시에 회사 복사기로 500장의 복사를 했다면 과거 행동과 비교해보았을 때 이상한 상황이라고 판단하는 것이다.

카메라로 주요 시설을 관리할 때는, 수백 대의 카메라가 보내는 영상을 실시간으로 지켜보면서 이상 상황이 발생하는지 감시해야 한다. 사실상 한 사람이 한 대를 몇 시간씩 집중해서 바라보는 것도 어려운데, 현실은 여러 대를 동시에 바라보아야 한다. 따라서 집중을 유지하기는 매우 어렵다. 하지만 인공지능 컴퓨터를 사용하면 쉬지도, 먹지도, 자지도 않으면서 100퍼센트 집중력으로 지켜볼 수 있다. 완벽한 이상탐지가 가능한 것이다.

시각화, 우선 그림으로 그려야 한다

이제 애널리틱스 태스크에 대해 구체적으로 살펴보겠다. 먼저 시각화다. 시각화는 비즈니스 인텔리전스^{business intelligence}라고도 하는데, 데이터를 그림으로 그려서 보여주는 것이다. 여기서 일단 가장 중요한 것은 무엇을 볼 것인지 결정하는 일이다. 가치를 만들어줄 수 있는 인사이트를 결정하는 것이다. 이는 의사결정자가 기획 단계에서 결정해야 한다.

예를 들어 자동차 대시보드를 생각해보자. 자동차 대시보드는 자동차 메이커나 차종마다 디자인이 제각각이지만 보여주는 수치는 동일하다. 속도, RPM, 연료, 온도가 그것이다. 이 네 가지 수치는 차에서 나오는 여러 데이터 중 특별히 선택된 것들로서, 운전자에게 절대적으로 필요하기 때문에 실시간으로 제공해줘야 한다. 전문가들 사이에 이에 대한 동의가 이루어진 것이니, 아무리 궁금해도 지금 플레이하고 있는 노래의 가사를 속도 대신 보여주지는 않는다.

그런데 자동차 운전이 아니더라도 모든 분야에서는 이와 같은 대시보드가 필요하다. 예컨대 제조 현장에서 기계 장비를 관리하는 사람 입장에서는 기계가 어떻게 잘 돌아가는지 알아야 하므로 핵심 센서 데이터가 매초마다 화면에 등장해야 한다. 그래서 그 기계의 대시보드를 만들어서 실시간으로 모니터링한다. 증권사 객장에 설치된 전광판은 종목별 가격 데이터를 단순히 보여주고 있지만 주식 투자 종편 방송에서는 가격 데이터들을 조합한 2차 데이터들을 통해 인사이트를 제공하고자 한다. 이외에도 고객의 행동이나 회사 직원들의 행동 및 실적도 다양한 형태로 시각화하여 모니터링할 수 있다.

기업의 마케팅 부서라면 지금 회사의 수입과 지출이 어느 정도인지를 실시간으로 파악해야 하기에 마치 자동차 운전자가 네 가지 가장 중요한 정보를 항상 보면서 운전하듯이 마케팅 업무에 중요한 사안들을 늘 체크해야 한다. 기업도 마찬가지이고 정부도 마찬가지다. 문재인 대통령이 처음 취임했을 당시 일자리 숫자 게시판을 설치했었는데, 이것이 바로 중요하게 생각하는 것을 표시한 대시보드라고 할 수 있다. 이처럼 중요하다고 판단되는 정보를 자주 볼 수 있게 어떤 식으로든지 그 데이터를 끌어와 가공해서 보여주는 것이 시각화의 용도다.

그런데 그렇게 하려면 데이터를 모으고 정제하는 작업들이 상당히 많이 필요하다. 그리고 직관적으로 이해할 수 있는 모양의 그래프를 그려줘야 한다. 사실상 이는 말처럼 쉬운 일은 아니지만 반드시 해야 하는 일이다. 그래서 기업이나 공공기관에서 빅데이터를 활용해서 인사이트를 도출하겠다고 하면, 나는 우선적으로 무조건 데이터를 모아서 시각화해보라고 말한다. 복잡한 분석 기법을 적용하기 전에 눈으로 보고 직관적으로 이해할 수 있는 게 정말 많기 때문이다. 또한, 이러한 시각화 분석을 통해 향후 분석 단계에서 무엇을 더 이해하고 예측하고 싶은지에 대한 아이디어가 떠오를 수도 있기 때문이다.

건강검진을 하면 체중, 혈당, 혈압, 콜레스테롤 수치 등 건강 지표가 나타나며, 우리는 이를 통해 현재 건강상태에 대한 이해를 할 수 있다. 그런데 만일 최근 10년간의 데이터를 그래프로 표현한다거나 여러 지표들 간의 관계를 시각화한다면, 즉 시간적 또는 공간적 관계를 시각화하면 한 차원 깊은 인사이트를 얻을 수 있다. 시각화는 상대적으로 단순한 분석 방법이지만 이를 통해 단순하지 않고 심오한 인사이트를 직관적으로 얻을 수 있다.

이때 간단하게는 엑셀로도 시각화가 가능하지만 최근에는 엑셀보다 수십 수백 배 생산성이 높은 시각화 도구가 출시되어 있다. 대표적으로 스팟파이어와 태블로가 있으며, 이외에도 어떤 도구든지 활용하면 인사이트와 비즈니스 가치를 창출할 수 있다.

맥주와 기저귀의 연관성은?

두 번째 분석 태스크는 연관분석, 즉 연관성이 있는 것들을 찾는 것이다. 혹시 맥주와 기저귀 이야기를 들어본 적 있는가? 슈퍼마켓에서 함께 팔리는 물품 분석을 했더니 맥주를 산 사람들 장바구니에는 기저귀도 있더라는 것이다. 수많은 결제 데이터를 분석해서 나온 인사이트다. 그렇다면 이를 통해 어떻게 가치를 창출할 수 있을까? 동시구매가 많으니 패키지로 묶거나 매대 옆자리에 배치함으로써 소비자의 편의성을 높일 수 있고, 아예 매장 반대쪽에 배치하여 소비자의 동선을 최대화함으로써 계획에 없던 구매를 유도할 수도 있다.

영화를 예로 들면 〈슈퍼맨〉을 본 사람은 대부분 〈어벤져스〉도 본다는 것을 연관분석을 통해 찾을 수 있다. 엔지니어링 분야에서는 74번 공정을 거친 후 곧바로 35번 공정을 거치면 A3형 불량이 평균의 2배 정도로 많이 발생한다는 것을 연관분석을 통해 찾을 수 있다.

다시 맥주와 기저귀로 돌아가보자. 두 아이템 사이에서 발견된 연관성의 원인은 무엇일까? 여기서부터는 분석의 영역이 아닌 해석의 영역이다. 퇴근길에 아이를 위해 슈퍼에 들러 기저귀를 들고 나오다가 맥주가 보이자 이번에는 자신을 위해 구매하게 되었다는 것이다. 데이터 분석을 통해 발견한 것은 사실상 단순한 연관성이지 그것은 인과관계가 아니다. 맥주가 기저귀의 원인이라거나 또는 기저귀가 맥주의 원인이라고 말할 수 없다. 다만 데이터상에서 두 가지 품목의 동시 구매가 많았다는 것이다. 연관관계인 인사이트는 분석가가 찾아내지만, 해석은 인사이트에 대한 체크 단계로서 마케터나 엔지니어 같은 분야의 전문가인 의사결정자들의 몫이다.

동시에 발생하는 사건이나 조건, 또는 동시에 구매되는 물품을 파악하는 분석 방법에는 대표적으로 어 프라이오리A Priori가 있는데, 이외에도 여러 방법들이 개발되어 있다.

비슷한 것은 비슷한 것끼리 모아야

세 번째 태스크는 클러스터링, 즉 군집화다. 사람 또는 대상을 비슷한 것들끼리 묶는 방법이다. 다음 쪽의 그림을 보면, 왼쪽 그림처럼 여러 데이터가 있을 때 이들을 유사한 데이터들끼리 하나의 그룹으로 묶은 것이 오른쪽 그림이다. 여기서는 진보라색, 검정색, 연보라색 3개의 그룹으로

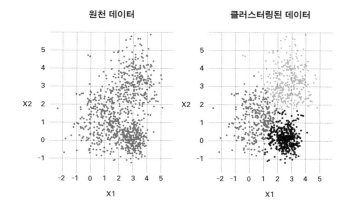

원천 데이터 클러스터링된 데이터

데이터 클러스터링

나누었다.

고객들을 유사한 사람들끼리 군집화해놓으면 이들을 대상으로 각 클러스터에 맞는 맞춤형 제품과 서비스를 마케팅할 수 있다. 인사이트는 특정 클러스터에 대한 정확한 성격 파악이다. 예를 들어, "주로 30~40대 여성으로 학부형일 가능성이 많으며, 주 거주지는 강남 지역이고, 생활수준이 매우 높으며, 피트니스와 맛집 탐방의 라이프스타일을 갖는 사람" 식으로 특정 클러스터를 묘사할 수 있다. 이러한 인사이트를 확보한다면 최적의 비즈니스 액션이 무엇인지 분명해진다. 해당 고객들을 만나려면 어디로 가야 하는지, 어떤 광고 채널을 활용해야 하는지, 그들의 주요 관심사가 무엇인지, 어떤 제품과 서비스를 제공해야 하는지가 분명해진다.

이외에도 주식 투자 분야에서는 가격 변동이 유사한 주식 종목들을 찾아서 그룹화할 수도 있고, 가전 관련 분야에서는 사용 패턴이 유사한 에어컨 실내기들을 그룹화할 수도 있다. 이러한 인사이트를 활용하면 비즈니스 액션이 분명해지고 가치 창출의 가능성도 크게 증가한다.

이 방법은 선거에서도 많이 이용되는데, 이로써 크게 이득을 본 인물이 미국의 빌 클린턴 대통령이다. 대통령 후보들은 넓은 미국의 전역을 다니면서 엄청난 수의 사람들을 만나야만 한다. 그런데 사실 미국인이 얼마나 다양한가. 이에 클린턴 캠프에서는 미국인을 7개 그룹으로 나눠 각각의 그룹에 맞는 메시지를 준비했다. 그래서 오늘 가는 곳이 주로 3번 그룹이 있는 지역이라면 3번 그룹에 맞는 메시지를 던지게 하는 것이다.

유권자를 군집화해서 일종의 유권자 지도를 만들어 각

군집별 유권자들의 성향을 분석한 그룹별 프로파일링은 정치권에서 흔하게 사용하는 것인데, 이 방법은 선거에 나서는 후보라면 당연히 사용해야 하는 것이다. 예컨대 한국인을 19개 그룹으로 나눠 1번 그룹은 '20대 초중반의 지방 출신 대졸 취업준비생' 하는 식으로 세분화하는 것이다. 그렇게 했을 때 그들에게 전해야 하는 메시지가 분명해진다. 이와 같이 한국인도 지역별, 세대별로 구분해서 군집화할 수 있으며, 이때 더 작게 쪼갤수록 훨씬 더 구체적으로 표현할 수 있다.

데이터가 아주 크지 않은 경우에는 과거 통계학에서 개발된 K-평균법과 계층 기법이 클러스터링 기법으로 많이 사용된다. 현재는 데이터의 수나 변수의 수에 따라, 그리고 클러스트의 모양이 길쭉하거나 휘는 경우에 작동할 수 있는 다양한 최신 기법들이 속속 개발되고 있다.

타이타닉호 3등 객실에 탑승한 성인 남성의 운명은?

포사이트를 도출하기 위해서는 예측 및 분류 태스크를 수행한다. 먼저 분류에 대해 알아보자. 미국에서는 우편물 분류를 사람이 아닌 기계가 한다. 우편번호 부분을 촬영한 후 컴퓨터가 각 숫자를 '0'부터 '9'로 인식한다. 이 다섯 자리 숫자를 다 인식하면 전체 우편번호가 인식된 것이므로 로봇을 이용해서 각 지역으로 가는 우편물 통으로 우편물을 밀어 넣는다. 총 10개의 카테고리 가운데 하나로 분류하는 것인데, 이게 상당히 어려운 기술이다. 사람은 '5'라는 숫자가 조금 크게 쓰이든 작게 쓰이든, 똑바로 쓰이든 비스듬하게 쓰이든, 서체나 색이 달라도 '5'라는 것을 쉽게 인식한다. 하지만 컴퓨터가 다양한 모양의 이미지를 다 같은 '5'라고 인식하는 것은 만만치 않은 일이다.

이번에는 예측에 대해 알아보자. 예측에는 시간적 요소가 들어가는 경우가 많다. 1년 후 우리나라 코스피 종합지수가 지금보다 올라갈지 내려갈지를 판단하는 것이 예측이다. 이 경우 카테고리는 상승과 하락 두 가지가 된다. 환자의 과거 병력과 현재의 건강상태를 가지고 1년 후 고혈압이 발생할 가능성을 0~100 사이의 숫자로 계산해내는 것도 예측이다.

이러한 예측 및 분류 기계, 컴퓨터, 또는 소프트웨어를 만드는 방법은 대개 머신러닝이다. 숫자 이미지 인식의 경우, 숫자 3 이미지를 컴퓨터에 보여주면서 '3'이라고 알려주고 숫자 5 이미지를 보여주면서 '5'라고 알려주는 식으로 다양한 이미지를 이해시킨다. 물론 숫자 3이 워낙 다양하므로 많은 종류의 3을 보여줘야 한다. 마침내 컴퓨터가 이를 잘 배우게 되면, 나중에는 처음 본 숫자 3 이미지도 곧바로 '3'이라고 분류하게 된다. 3뿐만 아니라 0부터 9까지 다 인식할 수 있게 된다.

이런 예측 및 분류에 사용되는 기법 중 가장 인기가 많은 방법이 의사결정나무다. 오른쪽의 그림은 타이타닉호 승객의 특성으로부터 생사 여부와의 관련성을 찾은 의사결정나무다. 맨 위에서부터 질문에 답하면서 아래로 따라 내려오면, 결국 사망(보라색) 또는 생존(흰색) 중 어느 쪽인지 알려준다. 여기서 우리가 찾고자 하는 인사이트는 따라 내려온 길이 된다. 예를 들어 3등 객실이 아닌 1, 2등 객실에 묵은 여성들은 생존했고, 18세 이상 성인 남성은 객실과 무관하게 전원 사망했다. 그리고 18세 미만 남자아이들의 경우 1, 2등 객실은 생존하고 3등 객실은 사망으로 운명이 갈렸다. 이를 통해 타이타닉호 승객들은 '여성 및 아이 우선', '1, 2등 객실 우선'으로 생존했다는 것을 알 수 있다.

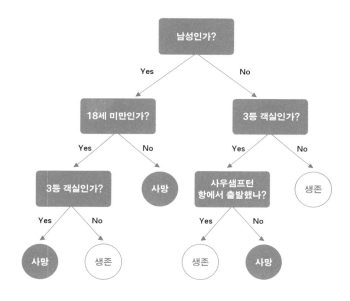

타이타닉호 승객의 특성과 생사 여부에 대한 의사결정나무

　의사결정나무 모형은 예측 및 분류의 근거를 변인들의 조합으로 나타내준다. 이는 인사이트를 사람이 이해할 수 있게 제시하기 때문에 의사결정자들이 선호하는 기법이다.

정상과 비정상을 말하다

마지막으로 포사이트에서의 이상탐지는 이상, 즉 비정상을 탐지하는 것이다. 보험, 세금, 신용카드 사용에서의 사기를 탐지하고, 공정에서의 이상 상황 및 기계 장비의 이상도 탐지한다. 분류해야 할 클래스가 정상과 비정상 두 가지가 있으니 앞에서 본 전형적인 분류 문제인 것 같다. 그러나 정상 데이터에 비해 비정상 데이터가 극도로 부족하거나 아예 없는 경우가 대부분이다. 이를 해결하기 위해서 학습에서는 비정상 데이터를 사용하지 않는다. 대신 정상 데이터만을 사용해서 '정상의 범위'만을 학습한다. 향후 데이터가 들어왔을 때, 기존에 학습한 '정상의 범위' 내에 있거나 아주 가까이 있으면 정상으로 판정하고 아주 멀리 있으면 비정상으로 판정한다.

이를 구현하기 위한 방법은 기존의 통계적 패턴인식 분야에서 많이 연구되었다. 특히 가우시안 혼합 모형은 대표적인 방법이다. 반면 최근에는 딥러닝의 일종인 오토인코더auto encoder 신경망을 포함한 새로운 방법론이 많이 연구되고 있다.

인공지능은
어떻게 구현되는가

비행기도 새가 되는 '튜링 테스트'

위키피디아에 따르면, 인공지능이란 주변 상황을 인지하고 목표를 달성하는 행동을 하는 컴퓨터로 정의된다. 이때 주변 상황의 인지는 주로 시각과 청각으로 이루어진다. 행동은 자율주행차량의 경우를 예로 들면 자동차 조작이 될 것이다. 그럼 모든 컴퓨터가 인공지능 컴퓨터인가?

구글 같은 검색은 인공지능이라고 하지 않는다. 왜냐하면 사람을 인지하지 못하기 때문이다. 하지만 인공지능 스피커의 경우 사람이 하는 말을 청각적으로 인지한다. 그리고 예컨대 경기 결과를 검색한 후에 사람에게 구두로 전달하는 목표를 달성하기에 인공지능이라고 부른다. 지금은 이에 대한 구체적인 기준이 필요한 시점이다.

20세기 초 영국인 앨런 튜링은 일찌감치 이를 판단하는 기준을 제안했다. 일명 튜링 테스트라고 불리는 이 기준은 아주 간단하다. 1호실에는 컴퓨터, 2호실에는 사람이 있다. 밖에서 판정관이 이 둘과 온라인 채팅을 하면서 누가 사람이고 누가 컴퓨터인지 구별할 수 없을 경우에 그 컴퓨터를 인공지능이라고 하자는 것이다. 인공지능 컴퓨터는 마치 내가 친구에게 경기 결과를 물어보았을 때와 차이가 없는 대답을 하기 때문에 인공지능이라고 부르는 것이다.

여기서 튜링 테스트의 특징은 컴퓨터가 사람처럼 인지하고 행동하면 되는 것이지, 사람처럼 생각할 필요는 없다는 것이다. 사람처럼 생각하든 말든 상관하지 않는다. 마치 "비행체는 하늘을 나는 것"이라는 정의와 같다. 새도 비행체이고 비행기도 비행체다. 날기만 하면 새처럼 날든 다른 방식으로 날든 상관없이 비행체라고 부른다. 결과 위주의 사고인 것이다.

인공지능의 역사는 꽤 오래되었다. 2차 세계대전 직후인 1946년 미국의 펜실베이니아대학교에서 오늘날 우리가 사용하는 컴퓨터의 시조인 에니악ENIAC이 처음 등장했다. 그때 사람들은 완벽한 기억력과 빠른 연산 능력을 가진 이 기계를 '거대한 뇌giant brain'라고 부르며 열광하면서 완전히 압도되었다. 그리고 곧바로 컴퓨터가 곧 인간을 지배하고 머지않아 우리를 노예로 삼을 것이라고 걱정했다. 하지만 동시에 인공지능에 대한 기대도 숨기지 않았다. 오늘날 사람들이 인공지능을 중요하게 여기면서 동시에 두려워하는 것은 그때의 반응과 완전히 판박이인 셈이다.

세상의 모든 것을 명제로 만들다

인공지능을 구현하는 두 가지 방법 가운데 먼저 각광을 받은 것은 기호주의다. 기호symbol란 문자를 뜻하는데 모든 지식을 기호로 표현하겠다는 것이 기호주의다. 여기서는 기호의 조합인 명제가 핵심이다. 명제는 "A이면 B다" 또는 "If A, then B" 형태로 나타나는 일종의 주장으로서 참과 거짓으로 증명 가능한 것이다.

원숭이가 바나나를 좋아한다는 지식은 "A가 원숭이면 A는 바나나를 좋아한다"라는 명제로 표현할 수 있다. 우리 앞에 루씨라는 원숭이가 있다면 "루씨는 원숭이다"라는 명제로 표현할 수 있다. 이건 지식이라기보다는 루씨라는 존재에 대한 데이터다. 우리는 당연히 루씨가 바나나를 좋아한다는 사실을 안다. 기호주의 방식에서는 두 개의 명제를 결합해서 "루씨는 바나나를 좋아한다"라는 명제를 기계적으로 도출할 수 있다. 소위 연역적 추론을 통해서다.

수학에서 등장하는 증명 과정이 바로 연역적 추론이다. 학창시절 수학 시간에 기하를 배울 때 등장했던 "A와 C는 맞꼭지각이다. C와 G는 동위각이다. 따라서 A와 G는 같다"라는 문제풀이를 기억하는가? 전형적인 연역적 추론이다. 좀 더 엄밀하게 이야기한다면 "A와 C가 맞꼭지각이면, A와 C는 동일하다", "C와 G가 동위각이면, C와 G는 동일하다"라는 두 개의 명제를 연역적으로 추론한 것이다.

세상의 모든 지식을 명제로 만든 다음에 명제들의 연역적 추론을 통해 무엇이든 대답할 수 있다는 것이 기호주의 학파의 생각이었다. 역사적으로 인간도 이렇게 추론해왔기 때문이다. 기호주의 연구의 시작은 1956년 미국 다트머스대학교에서 열린 워크숍이었는데, 참석자들은 인공지능이라는 표현을 만든 존 매카시, MIT의 마빈 민스키, 그리고 노벨경제학상에 빛나는 허버트 사이먼과 앨런 뉴엘 등이었다. 당대 최고의 지성이자 노벨상 수상자도 포함되어 있어 이들의 주장에 대해 한동안은 아무도 반박하지 못했다.

이들은 자신들의 접근 방법을 사용해서 열심히 지식을 명제로 바꾸면 10~20년 내에 인간 수준의 지능을 가진 완벽한 인공지능이 나올 것이라고 믿었다. 미국 정부는 이들의 말을 믿고 자연어 처리, 특히 자동번역에 상당한 연구비를 투입했다. 1950년대 미국은 전 세계 유일의 초강대국이었는데, 단 하나의 라이벌이 공산주의 소비에트연방이었다. 따라서 그들의 언어인 러시아어를 영어로 자동번역할 필요를 느꼈던 것이다. 그러나 20~30년이 지나도록 결과는 매우 실망스러웠다.

한편 1968년에 스탠리 큐브릭 감독은 〈2001 스페이스 오디세이〉라는 영화를 세상에 내놓았다. 향후 모든 우주 공상과학 영화의 모태와 같은 명작으로 남은 이 영화를 제작할 당시 기호주의 연구자들이 기술자문을 했었다. 이 영화의 주인공인 인공지능 'HAL9000'의 역량을 살펴보자. 기본적으로 행성 간 여행에 필요한 우주선의 모든 기계작동 능력이 있고, 자연어 처리, 음성인식, 스피치, 얼굴인식, 독순술lip reading, 미술 이해, 감성 이해, 감정 표현, 추론, 체스 능력, 그리고 자기인식 능력까지 지니고 있다.

영화 제목의 '2001'은 바로 영화의 시대적 배경이 되는 해를 의미하는데, 1960년대 중반 학자들 생각에 30년 정도 연구하면 HAL9000 같은 인공지능 컴퓨터를 구현할 수 있다고 믿은 것이다. 물론 이 가운데 체스 같은 기능은 완벽하게, 얼굴인식 기능은 불완전하게나마 구현되었다. 하지만 오늘날의 인공지능 컴퓨터는 HAL9000 능력의 1퍼센트에도 다다르지 못하고 있다.

암묵적 지식은 명제화가 불가능하다

기호주의로 다시 돌아가면, 이들 학파는 현실적인 한계를 세 가지나 만나게 되었다. 첫째는 지식의 방대함이다. 인간이 가지고 있는 모든 지식을 어떻게 다 명제로 바꿀 수 있을까? 의료 분야 하나만 생각해보아도 명제가 수조 개는 나올 것이다. 그런데 지식은 어디에 있는가? 주로 책이나 전문가에게 있다. 그래서 지식을 명제로 바꾸는 작업 자체를 위해서 하나의 새로운 직업이 탄생했으니, 그들이 바로 '지식 공학자knowledge engineer'들이다. 이들은 전문가의 머릿속에 들어 있는 지식을 명제로 바꾸는 사람이다.

두 번째 현실적 한계는 전문가들의 지식 자체가 비일관적이고 주관적이라는 것이다. 같은 의사에게 같은 증상을 이야기해도 환자에 따라 다른 진단을 하기도 하고, 같은 환자에 대해 의사들마다 다른 진단을 하기도 한다. 이는 의사만의 문제가 아니고 우리가 전문가라고 부르는 변호사, 엔지니어, 마케터 모두 마찬가지다.

　세 번째 한계이자 가장 강력한 한계는 암묵적 지식tacit knowledge, 암묵지에 대한 것이다. 우리가 할 줄은 알지만 어떠한 지식을 이용해서 하는지 체계적으로 설명할 수 없는 것을 암묵적 지식이라고 한다. 반대 개념인 명시적 지식explicit knowledge, 명시지는 공학 지식, 법률 지식, 의학 지식 등으로 결론에 이르는 과정이 명백하고 각 단계에서 사용한 지식이 분명한 것들이다. 대체로 우리가 학교에서 어렵게 공부해서 알게 되는 지식이다. 우리가 배우기 어려운 명시지는 오히려 인공지능 컴퓨터가 사용하기 위한 명제로의 변환이 쉽다. 반면 걷기, 잡담하기, 운전하기처럼 우리가 힘들이지 않고 잘하는 일이지만 딱히 어떠한 지식을 사용하는지 애매한 암묵지는 명제로의 변환이 어렵다.

　생각해보자. 걷는 과정에서 우리는 어떤 지식을 사용

할까? "처음에 127번 근육을 수축하고, 0.7초 후에 127번 근육을 이완한 후, 다시 1.2초 후에 128번 근육을 수축하고…." 혹시 이처럼 명시적으로 의식하며 걷는 사람이 있을까? 우리는 모두 매일 걷지만 어떻게 해서 걷는지 정확히 명제로 만들 수 없다. 잡담은 어떠한가? 잡담하는 법을 배운 적이 있나? 어떤 지식으로 하나? 사실 지식이 많이 필요하기는 하다. 날씨 이야기를 하다 갑자기 축구나 휴가 계획도 이야기하는 것이 잡담이다. 이렇듯 날씨나 축구 등을 넘나드는 대화를 이해하기 위해 필요한 배경지식은 너무도 많아 인공지능이 감당하기 어렵다.

그렇다면 운전은 조금 나을까? "앞차가 멀리 있으면 액셀을 밟아라. 앞차가 갑자기 속도를 줄이면 브레이크를 밟아라." 이 정도 명제는 만들 수 있다. 그런데 정확히 몇 미터가 먼 것인가? 액셀을 어느 정도 힘으로 밟아야 하나? 앞차 속도는 어느 정도 줄였을 때가 줄인 것인가? 이와 같은 구체적인 수치를 명제에 포함해야만 자율주행차를 만들 수 있다.

사실상 많은 사람들은 암묵지는 '지식'이 아니라고 생각하기도 한다. 왜냐하면 이걸 배우려고 노력해본 적이 없거나 기억이 나지 않기 때문이다. 게다가 인간의 지식은 대개가 암묵지이고 명시지는 극히 일부다. 의학, 법률, 공학 관련 전문 지식 등의 명시지가 부족한 사람과 걷지 못하고 잡담하지 못하고 운전을 못하는 암묵지가 부족한 사람 중에 누가 더 힘들게 살까? 암묵지로 수행되는 일들은 해당 지식 자체가 애매하고, 따라서 명제로 바꿀 수 없기에 기호주의 방식으로는 절대로 컴퓨터가 해낼 수 없다.

인간지능을 따라 만든 인공지능

인공지능 구현의 두 번째 방법은 첫 번째 기호주의와는 극단적으로 다르다. 인간의 뇌는 지능이 있으니 이것이 어떻게 운용되는지 보고 따라서 해보자는 생각에서 출발했다. 인간지능을 따라 하는 인공지능인 셈이다.

뇌의 기본 단위는 뇌세포, 즉 뉴런neuron이다. 그런데 뉴런은 하는 일이 그다지 대단해 보이지 않는다. 일종의 전기회로 내의 작은 소자인 뉴런은 평소에는 조용히 있다가 주변에 있는 뉴런들이 보내는 전기신호의 양이 어느 정도를 넘어서면 그때서야 자기도 옆에 있는 뉴런들에게 전기신호를 보낸다. 뉴런은 이 한 가지 일만 하는 것처럼 보인다.

이제 인간 뇌의 두 가지 특징을 살펴보자. 첫째, 우리 뇌에는 무려 1000억 개의 뉴런이 있다. 그리고 하나의 뉴런은 대략 100~1000개의 다른 뉴런과 연결되어 있다. 이 연결 구조를 시냅스라고 한다. 즉 우리 뇌는 1000억 개 뉴런들의 복잡한 연결망인 것이다. 컴퓨터 CPU와는 상대도 안되게 부실한 뉴런이지만 1000억 개라는 어마어마한 수가 동시다발적으로 일을 하면서 하나의 CPU보다 잘하는 것들이 있다.

예를 들어, 발바닥에 무언가 닿으면 발바닥 뉴런이 중간에 포진하고 있는 뉴런들에게 전기신호를 '전달'함으로써 대뇌 피질의 촉감 중추에 닿았다는 정보를 전달해준다. 그것을 통해 우리는 '느낄 수' 있다. 마치 조선시대 봉화와 같은 역할을 하는 것이다. 이처럼 뉴런들의 연결망을 통해 전신의 피부에서 일어나는 모든 자극을 실시간으로 대뇌에 전달할 수 있다. 또한 반대로 대뇌에서 발바닥을 들라는 신호를 보내면 이 명령을 해당 동작에 필요한 근육에 전달해서 수축 이완하게 하는 데에도 뉴런들의 연결망이 핵심적인 역할을 한다.

우리 뇌의 두 번째 특징은 뉴런들의 연결망이 반복적인

외부 자극에 의해 변화한다는 것이다. 예를 들어, 수영을 전혀 하지 못하던 사람이 석 달 간의 강습을 통해 할 수 있게 되었다고 하자. 이 사람은 '수영 못하는 사람'에서 '수영하는 사람'으로 그 능력이 바뀌었다. 그렇다면 이 사람의 몸은 어느 부분이 바뀌었을까? 강습 전과 강습 후에 몸의 어느 부분이 달라진 걸까? 수영은 팔 동작, 다리 동작, 숨 쉬는 동작, 그리고 이 세 동작의 조화가 필수적이다. 따라서 팔다리에 약간의 근육이 생겼을 것이다. 그러나 그와 같은 근육은 웨이트 트레이닝을 해도 생길 수 있다. 그렇다면 수영과 관련한 변화는 무엇인가?

근본적으로 변화하는 것이 뉴런의 연결망 구조다. 수영을 못했을 때의 뇌와 수영을 할 줄 아는 뇌는 구조적으로 다른 뇌다. 특정 뉴런들 간의 시냅스가 강화되거나 없었던 시냅스가 새로 생성된 것이다. 물론 구조적 변화는 단 한 번의 자극으로 발생할 수는 없고 여러 차례 반복적인 자극에 의해서만 가능하다. 수영 강습 한 시간 만에 평영의 운동 원리는 이해할 수 있지만, 우리 몸이 따라가려면 수차례, 아니 수백 번의 반복적인 훈련이 필요한 이유다.

우리의 일상을 지배하는 '귀납적 추론'

수영뿐만 아니라 인간의 모든 학습은 이와 같은 뉴런의 네트워크 구조의 변화를 수반한다. 테니스나 골프를 배우는 것도, 새로운 노래의 가사를 외우는 것도, 새로운 이론을 공부해서 이해하는 것도 모두 다 뇌의 변화를 통해서만 가능하다. 사람은 태어날 때 뉴런 간의 연결 구조인 시냅스가 많이 없거나 있어도 강하지 않은 상태다. 그러나 서서히 학습이 이루어지면서 차츰 연결이 강화되거나 새로운 연결이 나타난다.

갓난아기 눈에 보이는 천장 벽지의 패턴은 시각적 자극이자 학습의 데이터이고, 엄마 아빠의 목소리와 TV 소리는 청각적 자극이자 학습의 데이터이며, 기저귀와 담요의 감촉은 촉각적 자극이자 학습 데이터다. 이유식 냄새와 맛은 후각 및 미각적 자극이자 학습 데이터다. 이런 다양한 외부 자극이 아기에게 계속 자극을 주어서 아기의 뇌는 점점 복잡해진다. 이런 식으로 인간의 암묵지에 속하는 지식들이 정규 교육을 받기 전에도 많이 습득된다.

이와 같은 인간 뇌를 본떠서 인공지능을 학습시키고 뇌 세포들 간의 연결을 변화시키자는 것이 바로 연결주의

connectionism다. 반복적 자극에 따른 뇌의 시냅스 변화를 통해 인간의 뇌가 학습하듯이, 컴퓨터에게도 데이터로 계속 자극을 주어 컴퓨터 내의 시냅스를 변화시켜서 똑똑하게 만들자는 것이다.

우선 컴퓨터 안에 뉴런 연결망 같은 구조의 네트워크를 만들고 그 네트워크 구조를 데이터를 통해 계속 변화시킨다. 그리고 뉴런의 작동을 수리 공식으로 만들고 시냅스의 강도를 숫자로 표현해서 데이터의 반복 제시를 통한 시냅스 강도의 변화로 학습을 구현한다. 반복 자극에 의해 뇌구조가 바뀌어 못하던 일을 하게 된다는 것이 핵심이다. 컴퓨터도 기계이므로 이를 학습시키는 것을 일컬어 기계학습, 또는 영어로 머신러닝이라고 부른다(연결주의가 아닌 머신러닝도 있다. 앞에서 언급한 타이타닉호 승객의 생사를 구별한 의사결정나무가 대표적이다).

연결주의 방식은 기호주의 방식과는 다르게 명제에서 출발하지 않고 데이터에서 출발한다. 데이터 안에 담긴 지식을 습득하는 것이다. 데이터를 반복적으로 보는 과정을 통해서 명제를 만들어낸다. 기호주의의 명제로부터 명제를 도출하는 추론을 연역이라고 한다면, 연결주의의 데이터로부터 명제를 도출하는 추론은 귀납이라고 한다. 귀납적 추론은 연역적 추론보다 훨씬 더 우리의 일상에서 자주 사용된다.

사실상 사람은 귀납적 추론의 귀재다. 월요일 아침 출근길을 몇 차례 경험하고는 "월요일 아침은 출근 시간이 더 길다"라는 명제를 추론한다. 12시에 회사에서 나와 식당에 가서 자리가 없는 것을 경험하고는 "12시에 식당에는 자리가 없다"라는 명제를 추론한다. 완성도가 조금 떨어지는 제안서를 가지고 갔다가 새로 부임한 상무로부터 질책을 듣고는 곧바로 "박 상무는 제안서에 대한 기준이 높다"라는 명제도 추론한다. 우리 일상생활에 대단히 유용한 명제는 대부분 귀납적 추론에서 도출한 것들이다. 문제는 귀납적 추론은 연역적 추론에 비해 허점이 많다는 것이다. 결정적으로 항상 옳지가 않다. 특히 데이터의 개수가 적으면 적을수록 오류의 위험이 커진다.

예를 들어, 바르셀로나라는 도시가 어떤지, 여행을 가볼 만한 곳인지, 간다면 어느 곳을 방문해야 하는지 지인에게 물어본다고 하자. 작년 여름휴가 때 스페인 8박 9일 패키지를 다녀온 사람과 바르셀로나에 2년간 유학을 다녀온 사람 중에서 누구의 말을 더 믿어야 하는가? 귀납적 추론의 정확도는 결국 데이터의 크기에 달려 있다. 얼마 되지 않은 데이터로 무언가를 단정 짓듯 말하는 것은 매우 위험하다. 때마침 데이터의 양이 어마어마해진 빅데이터 시대에 귀납적 추론은 그 어느 때보다도 확실히 경쟁력이 있다고 하겠다.

연결주의의 오랜 암흑기, 두 번의 겨울

기호주의 선구자들에 비하면 연결주의 선구자들은 상대적으로 스타성이 훨씬 떨어진다. 1950년대에 뉴런을 단순한 컴퓨터 소자로 수리적으로 표현한 매컬러와 피츠, 그리고 이들의 네트워크로 구성된 단순한 컴퓨터 퍼셉트론perceptron을 제안하고 이를 데이터로 학습시키는 알고리즘을 개발한 로젠블랫은 연결주의의 선구자들이다. 그런데 이 컴퓨터의 이론적 단순함은 많은 비판을 받았고, 이로써 이들은 1970~1980년대 연결주의의 첫 겨울을 겪게 된다.

1980년대 후반 인지심리학자와 컴퓨터과학자들인 루멜하트, 힌턴, 윌리엄스 삼인방은 퍼셉트론을 다층 구조로 확대한 다층 퍼셉트론multilayer perceptron의 학습 방법인 역전

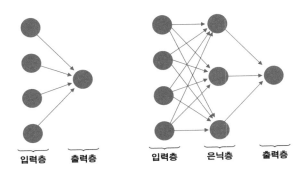

입력층   출력층   입력층   은닉층   출력층

단층 퍼셉트론과 다층 퍼셉트론

파backpropagation 알고리즘을 개발했다. 이 연구는 한동안 잠자고 있던 연결주의를 단숨에 인공지능 최첨단의 가장 뜨거운 주제로 만들면서 부활을 시도했다. 이들이야말로 진정한 이론적 혁신을 가져왔으니 노벨 IT상이 있다면 0순위 수상 후보들이다. 연결주의의 암흑기였던 1970~1980년 대에 기호주의는 연결주의를 완전히 무시했다. 인공지능 교과서에는 100퍼센트 기호주의 이론만 있었다. 기호주의가 적자요, 연결주의는 서자 취급을 받았던 것이다.

그런데 1990년대 초중반까지 엄청난 전성기를 누리던

인공지능, 머신러닝, 연결주의(신경망)

연결주의는 결정적인 현실 문제에 부닥치면서 두 번째 겨울을 맞게 된다. 첫 번째 문제는, 연결주의 지식의 핵심은 데이터에서 오는 것인데 이론적으로 머신러닝하는 알고리즘은 개발되었지만 정작 데이터가 없다는 것이다. 이는 학습의 주재료가 없다는 것이었다. 두 번째 이유는 컴퓨터의 계산 속도였다. 1946년 탄생한 에니악 이후 컴퓨터의 계산 속도는 지수적으로 향상되었다. 그러나 머신러닝은 많은 데이터를 수없이 보면서 인공 신경망의 연결 구조를 조금씩 변화시키는 과정이므로 계산 속도가 많이 부족했다. 따라서 이러한 현실적인 문제에 봉착한 연결주의는 다시 한번 기나긴 겨울로 들어서고 말았다.

그렇다고 머신러닝 자체가 사라진 것은 아니다. 연결주의와는 다른 머신러닝 방식은 그전부터 있었고 1990년대와 2000년대를 거치면서 데이터마이닝이라는 이름으로 다양한 방식이 개발되어 널리 사용되고 있었다.

머신러닝으로 찾은
새로운 가능성의 영역들

데이터의 대부분은 이미지나 텍스트

연결주의 인공지능이 특히 강력한 힘을 발휘하는 데이터 유형이 이미지와 텍스트 데이터다. 데이터의 양적인 측면에서 보면 숫자보다 이미지, 동영상 및 문서가 훨씬 더 많다. 또한 증가율도 높다. 전 세계 스마트폰 사용자들이 매일 열심히 사진을 찍어서 인스타그램에 올리고, 동영상을 찍어서 유튜브에 올리고, 열심히 글을 써서 트위터와 페이스북에 올린다.

이 가운데 이미지로부터 인사이트를 도출하는 과정을 생각해보자. 이를 두고 인공지능에서는 컴퓨터 비전computer vision이라고 한다. 인스타그램이나 유튜브 이외에도 자율주행차의 카메라를 통한 장면 이해는 필수적이다.

그렇다면 이미지는 컴퓨터에 어떻게 표현되는가? 1600×900 크기의 흑백 이미지는 가로 1600, 세로 900, 총 144만 개의 화소로 구성되어 있다. 각 화소는 완전히 어두우면 0, 가장 밝으면 511이라는 값을 갖는다. 중간 회색은 256이 되겠다(음영을 좀 더 자세히 표현하려면 화소 값을 0~1023까지 높일 수 있고, 그렇지 않으면 반대로 화소 값을 0~127로 낮출 수 있다). 컬러 사진은 흑백 대신 빛의 3원색인 붉은색, 초록색, 파란색 각각에 대해 144만 개의 화소로 구성한다. 저장 공간이 3배 더 드는 셈이다.

이미지 데이터로부터 인사이트를 도출한다는 것은 해당 이미지에 어떠한 물체가 들어 있는지, 이들 간의 위치 관계는 무엇인지, 색은 무엇인지 등을 이해하는 것이다. 컴퓨터 비전 분야 전문가들은 이를 두고 이미지에 대한 '표현'을 도출한다고 한다. 과거 수십 년간 이 분야는 정말 많이 연구되었다. 특히 통계적 패턴인식 분야는 매우 성공적이었고, 오늘날의 애널리틱스에도 많은 영향을 주었다.

방법은 이렇다. 사람 얼굴 이미지가 주어지고 이 얼굴의 주인공이 남자인지 여자인지 분류하는 문제를 생각해보

자. 이를 해결하기 위해서는 1단계에서 눈, 코, 입 부분을 찾아내고, 2단계에서 각 부위의 크기, 각도, 상대적 위치 같은 소위 특징점feature을 도출한 후, 3단계에서 도출된 특징점들의 조합으로 최종 판정한다. 이때는 딱히 기호주의라고 할 수는 없으나 사람 얼굴, 남녀 얼굴의 차이에 대한 깊은 지식이 필요하다.

그런데 만일 남녀 구분이 아니라 지문 인식이라면 어떻게 되겠는가? 3단계는 동일하겠지만 1, 2단계는 완전히 달라진다. 또는 항공기의 종류나 나무의 종류를 구분하는 것이라면? 매번 1, 2단계는 완전히 달라진다. 즉 이와 같은 접근 방식의 어려운 점은 문제가 달라질 때마다 매번 분석가가 해당 분야 전문가를 찾아가서 특징점이 무엇이어야 하는지를 물어보고 그 사람의 머릿속에 들어 있는 암묵지를 발굴해내야 한다는 것이다. 왜냐하면 보통의 사람이라면 이미지의 주인공이 남자인지 여자인지 인식은 하지만 자신이 어떻게 인식하는지 명제로 설명할 수 없기 때문이다.

하지만 최근에 빅데이터가 등장하면서 1, 2단계를 거치지 않고 곧바로 3단계로 가는 방식을 취하게 되었다. 즉 입력으로 넣고 직접 분류하는 것이다. 거대한 다층 퍼셉트론을 딥러닝으로 학습한다. 이 방법의 장점은 1, 2단계가 생략되었으므로 전문가와 의논해서 특징점을 고안해야 할 필요가 없다는 것이다. 사람 얼굴이든 지문이든, 비행기든 나무 종류든 3단계로만 해결한다. 빅데이터만 있으면 마치 만병통치약처럼 여러 문제가 유사하게 해결되는 것이다.

인공지능의 뛰어난 능력, '이미지 분석'

미국의 국립표준기술연구소national institute of standards and technology는 해당 분야 연구를 활성화하기 위해서 필기체 숫자 이미지 데이터베이스를 만들어 공개했다. 그리고 이를 활용하여 전 세계 모든 연구자들을 대상으로 누가 개발한 시스템이 숫자를 잘 맞추는지 경진하는 '이미지넷 대용량 이미지 인식 대회ILSVRC, ImageNet large scale visual recognition competition'가 해마다 열렸다. 여기서 최근에 등장한 딥러닝 기반의 VGG 시스템은 99.67퍼센트의 성공률을 보이면서 인간보다 우수한 능력을 과시한 바 있다.

그런데 0.33퍼센트의 오류는 왜 발생했을까? 사람이 봐도 인식이 어려운 숫자들 때문이다. 어떤 것은 그야말로 이것이 7인지 2인지 상당히 헷갈린다.

한편 이미지 데이터베이스인 이미지넷은 수천 가지의 카테고리에 속하는 수백만 개의 이미지로 구성되어 있다. 어떤 이미지가 주어지면 수천 가지 가운데 어느 카테고리에 속하는 것인지 정확히 분류하는 것이 문제인데, 이를 위해 수백만 개의 이미지를 딥러닝으로 학습한다.

기본 세팅은 20만 개의 이미지로 학습하고, 검증과 테스트는 15만 개로 한다. 카테고리는 1000개다. 그랬을 때 15만 개 중 몇 개나 틀리는지를 검증했다. 2000년대 초에 개발된 '기존 방식' 시스템은 25퍼센트의 오류가 발생했다. 그 후 딥러닝이 등장하면서부터는 오류율이 급속히 줄어들었다. 2015년 대회의 우승 작품인 마이크로소프트사의 '레즈넷ResNet'은 오류율 3.5퍼센트를 성취했다. 15만 개 중에 무려 14만 4750개를 맞추고 5250개만 틀렸다. 곰팡이며 기생충 같은 이미지들을 대부분 다 맞춘 것이다.

이제 이와 같은 기술이 거의 사람 수준이라고 판단해서, 최근에는 훨씬 더 어려운 3D 이미지를 가지고 새로운 대회가 시작되었다. 지금 이 순간에도 인공지능의 이미지 분석 경쟁은 계속되고 있다.

또한 인공지능은 내가 찍은 사진을 특정 예술가 스타일

의 이미지로 바꿔주기도 한다. 반 고흐의 〈별이 빛나는 밤〉 스타일이든 뭉크의 〈절규〉 스타일이든 원하는 대로 바꾸어준다. 피카소, 칸딘스키 역시 문제없이 표현해준다. 방법은 내 사진 이미지를 신경회로망으로 콘텐츠와 스타일로 쪼개는 것이다. 고흐의 명화도 마찬가지로 신경회로망으로 콘텐츠와 스타일로 쪼갠다. 그러고는 내 사진의 콘텐츠와 고흐 명화의 스타일을 골라 합성한다. 이로써 세상에 존재하지 않는 사진이 탄생하게 된다.

이미지 분석은 이외에도 너무도 다양한 분야에 활용된다. 인공위성 사진으로부터 세계 곡창지대 작물의 색 변화, 대형 유통업체 주차장에 주차된 차량의 수, 자동차 제조업체 야적장에 있는 차량의 수 등을 읽어내 다양한 경제적 인사이트를 얻을 수 있다.

문서의 벡터화, '단어 주머니'를 만들다

이제 텍스트로 가보자. 텍스트, 즉 문서는 문장으로, 문장은 단어로, 단어는 문자로 구성되어 있다. 그렇다면 텍스트의 가장 기본 단위인 문자는 컴퓨터에 어떻게 저장될까? 문자 하나하나는 숫자의 조합, 즉 코드로 표현된다. 예를 들어 가장 오래된 ASCII 코드 시스템에서 문자 'A'는 0100 0001으로 표현된다. 단어 'APPLE'은 A, P, P, L, E라는 문자의 코드순서 조합으로 표현된다. 문서는 또 이런 단어들의 순서 조합으로 표시된다.

텍스트로부터 인사이트를 도출한다는 것은 그 텍스트가 무엇에 관한 것이며 저자가 어떠한 주장이나 의견을 펼치는지 이해하는 것이다. 가장 단순한 방법부터 생각해보자. 단순히 텍스트 내에 어떠한 단어가 얼마나 많이 등장하는가만 세어보고 이를 시각화해도 해당 문서의 의미를 직관적으로 이해할 수 있다.

예를 들어 영화 관련 사이트에는 관객들의 리뷰가 많이 달린다. 나름대로의 평가를 구구절절 써놓은 것들이 많다. 우리는 영화 〈쇼생크 탈출〉 리뷰에 많이 등장하는 단어들을 뽑아서 등장 빈도에 비례하는 크기로 그려보았다. 소위 워드 클라우드word cloud인데, 이를 보면 shawshank, redemption, andy, time, prison 등의 단어들이 눈에 띈다. 영화를 안 본 사람도 이 그림만 보면 주제나 소재를 쉽게 짐작할 수 있다.

이제 여러 영화의 리뷰 문서로부터 유사한 영화끼리 클

영화 〈쇼생크 탈출〉의 리뷰에 등장하는 단어들의 워드 클라우드

러스터링한 후, 이를 기준으로 안 본 영화를 추천한다고 가정해보자. 토픽 모델링topic modeling은 여러 문서들이 있을 때 각 문서에 등장하는 단어들의 분포를 기준으로 유사한 문서들끼리 묶어주는 분석으로서, 텍스트 분석에서 가장 많이 사용되는 방법이다. 그런데 텍스트는 숫자가 아니다. 그래서 문서 분류를 위해서는 숫자화해야만 한다. 따라서 어떻게 텍스트를 숫자로 바꿀 것인지가 모든 문서 분석의 첫 단계다. 일단 숫자로 바꾸기만 하면 지금까지 설명한 애널리틱스를 다 적용할 수 있다. 분류도 할 수 있고, 클러스터링도 할 수 있으며, 연관분석 등 모든 것이 가능하다.

문서를 어떻게 숫자로 바꿀 것인가? 가장 단순한 방법은 단어 주머니bag of words를 사용하는 것이다. 단어 주머니란 해당 문서에 등장하는 단어들을 말한다. 한 단어가 여러 번 등장하면 그 안에 등장 횟수만큼 복사된다.

다음 쪽에 있는 도표의 예를 보면, 1번 문서에서 '페널티킥'이라는 단어가 한 번 등장했고, '코너킥'도 한 번, '골'도 한 번, '오프사이드'도 한 번, '손흥민'은 두 번 등장했다. 이 기사는 '111120…'이라는 코드로 바꾼다(…은 뒤에 다른 단어들이 추가되는 경우 해당 단어의 발생 빈도수). 즉 해당 문서에 어떤 단어가 몇 번 등장했는지를 세기만 하면 된다. 하나의 기사나 문서가 엑셀 차트에서 하나의 행으로 표현된다. 이때 각 열은 특정 단어에 대응한다.

2번 문서는 '212210…'으로 코딩되는데 각 단어의 등장 횟수는 조금씩 다르지만 1번 문서와 동일한 단어가 비슷하게 등장했다. 그러나 3번 문서에는 1, 2번에 등장했던 단어들은 전혀 등장하지 않고, 대신 '류현진'이 3회 등장한다.

단어 \ 문서 번호	페널티킥	코너킥	골	오프사이드	손흥민	류현진	...
1	1	1	1	1	2	0	
2	2	1	2	2	1	0	
3	0	0	0	0	0	3	

기사에 등장하는 단어의 수를 이용한 문서의 숫자화

이 문서는 '000003…'으로 코딩된다.

이제 우리는 단어 등장 횟수 코드만으로도 1, 2번 문서가 유사하고, 3번 문서는 완전히 다른 내용의 문서라는 것을 유추할 수 있다. 기사에 '기대된다' 같은 동사, '어제', '앞으로' 같은 부사들이 한두 개 공통으로 등장할 수 있지만, 명사만 놓고 보면 공통되는 게 하나도 없기에 완전히 다른 문서로 분류된다.

기술적으로 이야기하면 문서 간의 '유사도'를 계산하는 것이다. 이를 통해 유사한 문서들끼리의 클러스터링이 가능하다. 축구 기사에 등장하는 단어와 야구 기사에 등장하는 단어가 다르기에 이러한 단어 주머니 기반의 코딩을 사용하면 스포츠 기사를 축구, 야구, 농구, 배구 식으로 쉽게 군집화하거나 분류할 수 있다.

1억 차원 벡터를 500차원 벡터로

엑셀 차트에서의 하나의 행을 수학에서는 '벡터'라고 한다. 따라서 하나의 문서를 여러 개의 숫자, 즉 벡터로 표현하는 것을 벡터화vectorization라고 부르기도 한다. 문서를 숫자화한 이것을 벡터 스페이스 모델이라고 한다. 이제 좀 더 구체적으로 문서 간의 유사도를 계산하는 방법을 살펴보자. 모든 문서는 벡터가 되어 있기에 두 벡터의 유사도를 계산하는 방법을 사용하면 두 문서 간의 유사도를 구할 수 있다.

수학에서는 두 벡터의 각 원소끼리 곱하여 이를 모두 더한 값을 내적inner product이라고 정의한다. 한편, 내적은 두 벡터 각각의 절댓값과 두 벡터의 사이각의 코사인 값을 곱한 값이기도 하다. 두 벡터는 사이각이 작을수록 유사한 것이다. 코사인 함수는 0도에서 180도 사이에서는 각도가 커질수록 작아지는 성질이 있다. 따라서 사이각의 코사인이 클수록 문서는 유사하다고 볼 수 있다.

　이제 이런 성질을 이용하면 두 벡터의 내적 값이 클수록 유사하다고 판정할 수 있다. 예를 들어, 앞의 문서 1과 문서 2의 벡터를 내적하면 9가 되고, 문서 1과 문서 3을 내적하면 0이 된다. 따라서 1과 2는 유사하고 1과 3은 유사하지 않다고 간단히 판정할 수 있다.

　내적이 좋은 것은 계산이 간편해서다. 문서가 몇 개가 되든 상관없이 이러한 계산은 순식간에 가능하다. 총 1억 개 문서 가운데 1번 문서와 가장 유사한 문서가 무엇인지 찾는 일은 나머지 9999만 9999개의 문서 벡터와의 내적 값을 계산한 후, 가장 큰 값을 가지는 문서를 찾으면 된다. 결국 이를 활용하면 특정 뉴스를 본 사람에게 그와 유사한 뉴스를 계속 추천해줄 수 있다. 손흥민 관련 기사에 관심이 있다면 류현진 관련 기사는 추천하지 않는다. 유사도가 낮기 때문이다.

　이제 저장의 문제를 생각해보자. 우리가 다루어야 할 문서가 3개가 아니고 포털에 등장하는 1억 개의 뉴스인 경우 엑셀 차트는 거대해진다. 행이 1억 개, 열은 등장 단어의 수인데 주제가 매우 다양하기에 1억 개가 훨씬 넘을 것이다. 문제는 한 문서에 이 모든 단어가 등장하는 경우는 없다는 것이다. 대부분 극소수의 단어만 등장한다. 손흥민 선수 관련 기사에는 류현진도 없고, 홈런도 없고, 도루도 없다. 전체 단어 사전 중에 손흥민 기사에 등장하는 명사는 페널티킥, 코너킥, 골, 오프사이드 등 많아야 1000개도 안 된다. 즉 손흥민 관련 기사 벡터는 대부분의 요소 값이 0이다. 그래서 등장 가능한 모든 단어를 주머니에 넣고 분석하는 방법은 컴퓨터 저장 공간을 엄청나게 낭비한다.

그렇다면 엑셀 차트의 열 수를 획기적으로 줄여볼 수는 없을까? 수학적으로 이야기하면 하나의 문서를 1억 차원 벡터 대신 500차원 벡터로 표시할 수는 없을까? 거기에 더해 단어 간의 의미 관계를 해당 벡터들의 공간상에서의 위치 관계로 표시할 수는 없을까? 예를 들어, 코너킥과 페널티킥에 해당하는 단어 벡터들은 공간상에서 서로 가까이 위치하고, 홈런에 해당하는 단어 벡터로부터 멀리 떨어지게 하는 식이다. 코너킥 옆에는 페널티킥 외에도 프리킥, 골킥, 핸들링, 골, 골키퍼 같은 단어들이 있게 하는 것이다.

최근에 바로 이런 방법론이 발명되었다. 신경회로망을 이용해서 단어와 문서를 동시에 저차원 임베딩embedding 벡

터로 전환하는 워드투벡이나 독투벡은 문서 분석의 성능
과 효율에 획기적인 향상을 이루었다.

맥락에 따라 달라지는 단어의 정서

이제 데이터의 정서 분석을 보자. 정서 분석이란 해당 문서
가 칭찬인지 비난인지를 분류하고, 칭찬이라면 어느 정도
의 칭찬인지를 수치로 정량화하는 것이다. 다음은 TV 구
매자의 제품 리뷰인데, 여기서 TV 속성은 크기, 영상, 조
작, 부팅 등의 단어들이다. 그중 칭찬한 것에는 고딕으로,
비난한 것에는 *이탤릭*으로 표시했다.

이 TV는 대단하다. 크기도 **크고**, 영상은 **훌륭하며**, 조작도 **편리**
하다. 부팅할 때와 끌 때에 귀여운 노래도 나온다. 반면 43인
치 TV가 USB에 들어가 있는 비디오를 상영 *못한다*는 점을
지적하고 싶다. 이건 정말 *짜증나*는 건데, 왜냐하면 내가 새
TV의 기능 가운데 가장 중요하게 기대한 것이기 때문이다.

여기서 '대단하다', '크고', '훌륭하며', '편리하다' 등의
긍정적인 단어와 '짜증나' 같은 부정적인 단어를 미리 사

전으로 만들어두었다가 제품 리뷰를 보면서 그 수를 셀 수 있다. 그러면 칭찬이 4회, 비난이 2회 발생한 것을 알 수 있다. 이 경우 칭찬 횟수가 비난 횟수보다 크기 때문에 전체 문서를 칭찬으로 분류한다. 물론 이와 같은 분류는 문장 단위로도 가능하다.

이 방법은 이해하기 쉽고 소프트웨어로 구현하기도 쉽지만 문제가 있다. 맥락을 이해하지 못한다는 것이다. 모든 단어는 맥락에 따라 의미가 달라진다. 만약에 "정말 쪼그매"라는 문장이 있다고 하자. 여기서 '쪼그매'가 좋은 의미인지 나쁜 의미인지는 맥락에 따라 다르다. 예를 들어 USB가 작으면 칭찬이지만, TV가 작으면 칭찬이 아니기 때문이다. '예측 불허'라는 단어 역시 좋은 말인지 나쁜 말인지 바로 알 수 없다. 영화에 대해 "스토리 전개가 예측 불허네요." 하면 칭찬이지만, 새 차에 대해 "핸들이 좀 예측 불허네요." 하면 절대 칭찬이 아니다.

전쟁이라는 단어는 모든 기업에게 최악의 부정적 단어일 것이다. 향후 수익성이 악화될 것이 분명하다. 하지만 해당 기업이 군수 물자를 만드는 곳이라면 기업의 향후 수익은 좋아질 것이기에 전쟁이라는 단어는 긍정적 단어가 될 수 있다. 따라서 경제 분야 문서 분석에서는 일반 문서와는 다른 정서 단어 사전을 사용해야 한다. 그런데 일반적인 좋고 나쁨과 특정 분야에서의 좋고 나쁨은 다를 수 있기 때문에 매번 용도에 맞는 사전을 구축해야 한다는 것은 꽤나 골치 아픈 이야기가 아닐 수 없다.

문서 처리는 정말 어려워!

앞에서 소개한 문서 분석 방법이 적용되기 전에 모든 문서는 전처리 단계라는 것을 거친다. 마치 요리사가 요리하기 전에 반드시 거쳐야 하는 식재료 준비 작업과 같다. 누군가가 식재료를 썻고 껍질을 벗기고 원하는 크기로 잘게 잘라 놓아야 한다.

문서의 전처리 단계 사례를 보자. 국내 모 대기업이 생산한 엔진을 구매한 해외 기업은 엔진에 AS 상황이 발생할 때마다 증상, 원인, 부품을 상세히 적어서 생산업체에 문서로 보낸다. 소위 필드 클레임field claim이다. 예를 들어 엔진에서 기름이 새는 증상이 있으면 해당 문서에는 엔진 온도조절장치 내부 손상, 물 순환 불가로 엔진 수온 과다 등의 표현들이 포함된다. 이와 같은 단어를 컴퓨터가 어떻게 처리할 수 있을까?

우선 사전 학습dictionary learning을 한다. 정형화되어 있는 데이터로부터 도메인에서 사용되는 단어를 추출해서 사전에 추가하는 것이다. 누유, 파손, 크랙과 같은 자주 사용되는 단어들을 추출해서 만든 사전이 있어서 그에 따라 '엔진 온도조절 장치 내부 손상, 물 순환 불가로 엔진 수온 과다'를 인지하는 것이다. 여기서 각 단어는 모두 별개로 처리되어 엔진, 온도조절 장치, 내부, 손상, 물, 순환, 불가, 엔진, 수온, 과다, 손상으로 인식한다.

두 번째 단계에서는 이미 구축된 사전을 이용하고, 두 가지 문자열tokenizing 모듈을 활용해서 문서를 유의미한 말뭉치로 나눈다. 그리고 동의어와 약어를 처리한다. EG, E/G, 앤진 등으로 쓰인 엔진에 대한 표기가 모두 엔진이라는 것을 컴퓨터에게 가르쳐줘야 한다. 실린더도 Cyl., CyL, Cylinder, 씰린더가 다 실린더인 줄 알아야 한다.

그리고 불용어stop-word를 제거한다. 현재 문서 발생 분야가 엔진 공정 과정이므로 '엔진'이라는 단어는 가장 많이 등장하지만 실제로 우리에게 주는 정보가 없으므로 추후 분석에서 제거한다. 은행장들의 연설문에서 경제나 은행 같은 단어를 제거했던 것과 마찬가지다.

　다음은 엔그램 처리N-gram processing다. 연속된 단어가 모여 하나의 객체를 이룰 경우, 이를 하나의 용어로 간주하는 것이다. 예를 들어 '헤드'와 '램프'가 아닌 '헤드 램프'로, '수온'과 '과다'가 아닌 '수온 과다'로 보는 것이다. 두 개의 단어가 모여 하나의 의미를 갖는 것을 바이그램이라고 하고, 세 개의 단어 모임을 트라이그램이라고 한다. 그 기준은 문서상에서 사용되는 빈도로서, '수온'과 '과다'가 함께 쓰이는 빈도가 높으면 '수온 과다'를 하나의 용어로 처리하고 그렇지 않으면 별도로 처리한다.

　이와 같이 단어의 속성tag이 무엇인지 판단하는 과정을 태깅tagging이라고 한다. 이 단계에서는 엔진을 설계하고 제조하는 현업 의사결정자들과 협의 후 각 데이터의 특성에 맞는 속성을 미리 정의하고, 사전 내의 단어들에 태그를 할당한다. 필드 클레임에서는 고장이 일어난 '부품', 문제 발생 '원인', 관측된 '증상'을 나누기도 한다.

Q 묻고

답하기 A

빅데이터를 다루거나 활용하는 사람들
이 지켜야 할 윤리가 있다면?

빅데이터에는 기계 데이터 못지않게 개인의 프라
이버시 데이터도 포함되어 있다. 빅데이터를 다
루는 정부 기관이나 기업의 담당자들은 각자 접
근할 수 있는 부분과 접근할 수 없는 부분이 보안
정책에 따라 결정된다. 또한 접근할 수 있다고 해
서 그걸 개인적 용도로 활용하거나 타인에게 넘
기는 행위는 기술적으로 최대한 차단되어 있고,
법률적으로도 금지되어 있다. 이를 어긴다면 법

적 처벌을 받게 된다.

우리 정부는 국민 개개인에 대해 재산, 세금, 의료, 범죄 분야의 민감한 개인 프라이버시 데이터를 가지고 있다. 통신사와 인터넷 서비스 회사들은 전 국민의 사적인 대화와 대화 내용, 문자 데이터를 다 가지고 있다. 그러나 적절한 보안정책과 법에 따라 프라이버시가 지켜지고 있다. 개인의 프라이버시 데이터는 윤리적으로 그리고 법적으로 철저히 보호 가능하고 지금도 보호되고 있는 것이다.

한편, 빅데이터 하면 많은 이들이 빅브라더를 떠올린다. 아마도 이름이 비슷해서일 것이고, 왠지 정부가 개인 데이터를 너무 많이 확보함으로써 나의 자유를 제한하지 않을까 하는 약간의 근거 있는 걱정일 수도 있다. 빅브라더는 조지 오웰의 소설 『1984』에 등장하는 전체주의 정부를 가리키는 말로서, 정보를 독점해서 사회를 통제하는 권력이나 사회체계를 뜻한다. 그런데 사실상 빅브라더는 빅데이터가 등장하기 훨씬 전부터 존재했다. 지금은 붕괴된 동독과 소련을 포함한 공산국가 대부분이 그와 같은 정보 독점을 통해 사회를 통제했던 것이다.

물론 현재도 우리가 잘 아는 빅브라더 국가들이 있다. 어떤 나라는 빅데이터를 잘 활용해서 사회 통제를 하고 있다. 그들로서는 그야말로 좋은 수단이 생긴 셈이다. 그러나 우리나라 같은 자유사회에서는 빅데이터가 생겼다고 해서 정부가 빅브라더가 될 수는 없다. 비현실적이고 불필요한 걱정이라고 생각한다.

4부 _____

빅데이터,

거부할 수
없는

미래

4차 산업혁명의 재료로써 엄청난 가치를 만들어내는 빅데이터. 이러한 가치를 만들기 위해 구체적으로 누가 어떤 역할을 수행해야 하고 어떤 순서로 일을 진행해야 하는가? 이 과정에서 기관이나 기업이 마주치는 걸림돌은 무엇이며 이를 어떻게 극복할 수 있는가? 실제 데이터를 제공해주는 개개인은 그 혁신의 과실을 따먹을 수 있는가? 이를 위해 어떠한 제도적 장치가 필요한가?

기획 없이는
인사이트도 없다

4차 산업혁명의 산업역군 '빅데이터'

빅데이터는 가치로 만들어질 수 있고, 이러한 가치야말로
혁신의 열매라 할 수 있다. 요즘 전 세계적으로 가장 많이
회자되는 4차 산업혁명의 중심에 바로 빅데이터를 머신러
닝한 인공지능이 있다. 빅데이터와 인공지능이 4차 산업혁
명의 주요 플레이어라는 것은 이제 우리 모두가 잘 아는 사
실이다.

현재 활약하는 인공지능의 예는 셀 수 없이 많다. 대표
적인 인공지능이 지금까지의 바둑 기보를 모두 학습한 알
파고다. 그리고 로보어드바이저roboadviser는 주식을 선택하
고 매매 타이밍을 잡는 등 투자자의 자산을 대신 운용하는

인공지능 자산운용 서비스 프로그램이다. 이밖에도 자율
주행차, 음성 인식 서비스, 인공지능 스피커, 번역 프로그
램, 인터넷 쇼핑몰의 추천 엔진 등이 있다.

그리고 현재 의료 현장에서도 인공지능은 맹활약 중인
데, 우선 기존에 의사들이 하던 엑스레이 판독 등을 컴퓨터
가 하고 있으며, 데이터를 이용해 보다 효율적인 환자 관리
시스템을 갖춰나가고 있다. 환자들의 걸음걸이로부터 관
절염이나 신경계 질환의 정도를 추정할 수도 있다. DNA
데이터만 가지고도 어떠한 유형의 사람들이 어떠한 질병
에 잘 걸리는지, 그리고 어떠한 약을 쓰면 부작용이 많은지
등을 모두 찾아낼 수 있다.

기자 역할을 하는 로봇인 로보라이터robowriter도 있다. 이
미 우리나라에서는 야구 경기가 끝나고 1초 만에 그 경기
내용을 담은 기사가 각 언론사로 송출된다. 야구는 한 이닝
이 끝나면 몇 번 타자가 땅볼을 쳐서 아웃되고, 그다음 타
자는 사사구로 걸어나가고, 그다음 선수가 홈런을 쳐서 들
어왔다는 등의 내용이 다 기록되는데, 인공지능에게 그 기
록만 주면 알아서 사람처럼 문장을 담은 기사를 작성하는
것이다.

메신저에서 사람처럼 대화할 수 있는 채팅 로봇, 기업 인사 채용 시 지원자를 선별하는 로봇, 사물인터넷 기계 분석 시스템, 보험사의 클레임 분석, 신용카드 사기 방지 시스템 등이 모두 우리 시대 혁신의 원동력이라고 할 수 있다.

과연 파스타를 먹은 손님은 행복했을까?

그런데 데이터 기반의 의사결정을 어떻게 조직에서 정착시킬 수 있을까? 이제 가치를 만드는 과정에 대한 이야기를 해보자. 앞서 재료-요리-만족이라는 프레임워크를 언급했었는데 다시 그 장면을 떠올려보자. 요리사는 재료를 가지고 파스타를 만들고 손님은 와서 그것을 먹고 행복해한다. 상상만 해도 아름다운 장면이다. 그런데 그 손님이 정말 행복했을까? 요리사가 항상 파스타를 해준다면 모든 손님들이 매번 행복해할까? 파스타를 좋아하는 사람은 행복하겠지만, 만약 좋아하지 않는 사람이라면 이야기는 달라진다. 어느 음식점의 요리사가 손님의 취향과 상관없이 단지 파스타 재료가 있어서 파스타를 만들어준 것이라면 그 손님은 행복할 수도 있고 아닐 수도 있다는 것이다.

〈냉장고를 부탁해〉라는 TV 예능 프로그램은 셰프가 그

날 패널로 나온 연예인이 실제 집에서 사용하는 냉장고 속 재료로 음식을 만드는 프로그램이다. 시청자는 그 과정을 지켜보며 재미있어 하는데, 무엇이 재미를 주는 것일까? 우선 냉장고를 여는 순간 모든 셰프는 당황하기 마련이다. 자신이 잘 만들 수 있는 요리가 있지만, 필요한 재료 가운데 한두 가지가 그 안에 없기 때문이다. 갈비탕을 만들자니 뭐가 없고, 닭강정을 만들자니 또 뭐가 없는 식이다. 냉장고는 주인이 좋아하는 재료로 차 있지 셰프가 잘 만드는 족보 있는 요리의 재료를 담고 있지 않다. 그래서 그냥 있는 재료를 가지고 즉흥적으로 족보에 없는 요리를 만든다. 해당 연예인은 그것을 먹고 맛있다느니 어떻다느니 평가를 한다. 그리고 우리는 그 모습을 바라보며 웃고 즐기는 것이다.

그런데 만약 기업이나 공공기관에서 지금 가지고 있는 데이터 중에 눈에 띄는 것으로 일단 인사이트를 만든다면 어떻게 될까? 당연히 데이터가 주어지고 그걸 애널리틱스 방법론을 활용해서 분석하면 뭔가 하나의 인사이트가 도출되기는 할 것이다. 그렇다면 이 인사이트를 가지고 어떠한 실행을 해서 가치를 만들 수 있을까? 현업 부서에 있는 의사결정자에게 인사이트를 건네주면 대개 "흠…, 이걸로 뭘 하지?" 하고 고민한다. 게다가 이것을 꼭 사용해서 가치를 만들라는 사장님의 지시가 있었다고 전달하면 담당자는 정신적 공황에 빠질 것이다. 왜냐하면 자신이 필요한 인사이트가 아니기 때문이다. 그는 도저히 가치를 만들지 못할 것이다.

빅데이터 분석의 최종 목표는 인사이트가 아니다. 최종 목표는 가치 만들기다. 따라서 그냥 눈앞에 있는 구하기 쉬운 데이터를 가지고 무작정 분석해서 인사이트를 도출하고, 이를 의사결정자에게 던져주는 접근법은 100퍼센트 실패한다. 미리 어떠한 가치를 위해 어떠한 인사이트가 필요한지 가르쳐주지 않고 그저 데이터만 주면서 뭐든지 분석해보라고 하는 것은, 셰프에게 무얼 먹고 싶은지 말하지 않고 그냥 내가 맛있게 먹을 수 있는 것을 만들어오라는 것과 똑같다. 실패 확률 100퍼센트다.

우리는 식당에 들어서는 순간부터 특정한 가치를 생각한다. 더워서 시원한 물냉면이 먹고 싶은 경우, 지금 나에게 있어 가치는 나의 뜨거운 몸을 식혀주는 것이다. 그런데 온면이 나온다면 그건 나에게 아무런 가치가 없는 것이다.

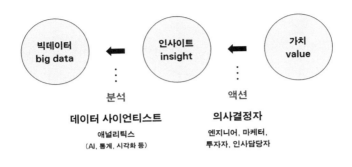

빅데이터 ← 인사이트 ← 가치

내가 원하는 가치가 아닌 것이다. 그래서 반드시 가치를 먼저 생각해야 하고, 그 가치를 성취하기 위해 어떤 인사이트를 뽑아야 하는지, 그 인사이트는 어떤 재료를 필요로 하는지를 역으로 생각해야 한다. 이 과정을 기획이라고 하고, 기획이 빅데이터 분석 이전에 선행되어야 한다. 기획 없는 실행을 보여주는 것이 〈냉장고를 부탁해〉다.

가치 창출의 4단계
빅데이터로 가치를 창출하려면 제일 먼저 가치를 정의해야 한다. 앞서 말한 사례에서 살펴봤던 것처럼, 최근 고객이 많이 이탈하는 문제에 처해 있다면 이탈을 방지하는 것이 가치가 될 수 있다. 이때 비즈니스 실행으로 고려하고 있는 것이 이탈할 만한 고객에게 전화를 걸어서 어떤 식으로든 당근을 제공하는 것이라면, 필요한 인사이트는 개별 고객의 수치화된 이탈 가능성, 즉 '이탈 스코어'가 된다. 그럼 어떤 데이터로 이탈 스코어를 계산해낼 것인가? 우리는 무슨 근거로 특정 고객이 이탈할 것이라고 주장할 수 있는가? 우리가 필요한 데이터, 즉 재료는 무엇인가? 한 가지 후보로는 콜센터로 들어온 고객의 전화 통화 녹취록이 될 수 있을 것이다.

데이터-인사이트-가치라는 프레임워크에서 데이터가 인사이트로 바뀌는 단계가 분석이고, 인사이트가 가치로 바뀌는 단계가 실행이다. 그런데 이 두 가지 과정보다 먼저 거쳐야 하는 단계가 있으니 그것이 바로 기획이다. 가치에서 출발하여 인사이트는 무엇인지, 필요한 데이터는 무엇인지 알아내는 단계다. 그리고 인사이트를 가치로 만드는 실행을 하기 직전에 도출된 인사이트에 대한 기본적인 확인 단계가 필요하다.

정리해보면 빅데이터 가치를 만드는 과정은 기획plan, 분

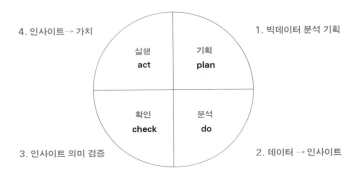

4. 인사이트→ 가치

1. 빅데이터 분석 기획

실행
act

기획
plan

확인
check

분석
do

3. 인사이트 의미 검증

2. 데이터 → 인사이트

가치 창출의 4단계

석do, 확인check, 실행act의 총 4단계로 이루어진다. 기획은 가치→인사이트→데이터 순으로 계획을 만드는 단계, 분석은 데이터로 인사이트를 만드는 단계, 확인은 인사이트의 의미를 검증하는 단계, 끝으로 실행은 인사이트를 비즈니스 가치로 만드는 단계다. 실행이 끝나면 다시 새로운 기획이 자연스럽게 떠오르게 됨으로써 4단계는 반복된다.

좋은 기획은 수많은 브레인스토밍을 거쳐야 한다

기획을 잘하려면 어떤 점에 집중해야 하는가? 성공적인 기획의 3요소는 첫째 임팩트, 둘째 데이터, 셋째 분석이다. 따라서 무엇보다 가장 먼저 비즈니스 임팩트가 큰 가치를 찾아야 한다. 가치를 만드는 비즈니스 실행과 그 실행의 근거가 되는 인사이트를 생각해야 한다. 대출 고객의 이탈을 막아보겠다는 것이 훌륭한 비즈니스 가치가 될 수 있는 것은 그 임팩트가 크기 때문이다. 이때 매년 이탈로 발생하는 손실과 이탈을 100퍼센트 막을 경우 발생되는 이익을 계산해보는 것이 좋다. 다른 가치와 비교해서 애매하게 정성적으로 생각할 것이 아니라 정량적으로 살펴볼 수 있다면 객관적인 우선순위를 매길 수 있다.

이탈 가능성이 높은 고객들만을 대상으로 어떤 실행을 취할 것이라면, 이를 위한 인사이트는 모든 고객에 대해 이탈 가능성 스코어를 매기는 것이 되겠다. 해당 고객에게 전화해서 "고객님, 지금 5퍼센트로 쓰시죠? 그런데 경쟁사에서 4퍼센트 제안받으셨죠? 저희가 4.5퍼센트로 해드릴게요"라고 제안할 수 있다. 그렇게 되면 고객 입장에서는 4.5퍼센트가 더 유리하다. 해지 수수료를 안 내도 되기 때문이다. 이와 같이 비즈니스 실행을 미리 설계해놓아야 한다.

기획에서 중요한 두 번째 요소는 데이터다. 과연 A 고객

가치	비즈니스 액션	데이터
· 어떠한 비즈니스 가치를 만들고자 하는가? · 어떠한 문제를 해결하고자 하는가? · 발생하는 손실 또는 이탈을 금액으로 추정할 수 있는가?	· 기대하는 가치를 만들려면 무엇을 해야 하는가?	· 필요한 데이터는 무엇인가? · 데이터는 어떻게 확보해야 하는가?
	인사이트	예상 어려움 / 극복 방안
	· 데이터 분석의 결과물은 무엇이고 어떤 형태인가?	· 확보한 데이터가 기대하는 가치 창출에 부합하는가?

가치, 액션, 인사이트, 분석 및 데이터 정리

과 B 고객의 이탈 가능성을 어떻게 추정할 것인가? 무엇을 근거로 할 것인가? 즉 이를 객관적으로 계산해낼 수 있는 데이터는 무엇일까? 우리는 그 데이터를 확보할 수 있는가? 예를 들어, 과거 3개월치 통화 내역 파일이 있는가? 그리고 음성 파일은 텍스트 파일로 자동 변환 가능한가? STT 프로그램의 정확도는 얼마나 되나? 우리가 받아들일 만한

가? 만일 최근 1개월치 통화 내역밖에 없다면 이제부터라도 두 달치를 추가 확보해야 하고, 확보 후에는 그 데이터의 상태를 반드시 살펴봐야 한다.

일요일의 점심시간을 떠올려보자. 소파에 누워 있다가 갑자기 냉면이 먹고 싶다는 생각이 들었다. 어떻게 해야 할까? 우선 집에 냉면 국수가 있는지 확인해야 한다. 아쉽게도 없다면, 나가서 재료를 사올 것인지, 아니면 귀찮으니까 밀국수로 대체할 것인지 결정을 내려야 한다. 결국 내가 원하는 가치를 뒷받침해줄 수 있는 데이터가 존재하는지의 여부가 중요하다. 여기서 가치는 추구하는 이상이고 데이터는 처한 현실이다.

이상을 현실이 받쳐주는가? 그렇지 않으면 현실에 맞추어 이상을 조금 낮추어야 한다. 밀국수가 곧 낮아진 이상이다. 그런데 밀국수마저도 없고 라면만 있다면 이상은 냉면에서 라면이 되어버리는데, 이건 이상이 너무 낮아져서 받아들이기 어려워진다. 내가 처음 원했던 가치 창출을 하지 못하게 되므로 현실을 바꾸든가 바뀔 때까지 기다려야 한다. 고객 통화 내역을 2개월치 더 확보해야 하는 것처럼 말이다.

분야	가치	비즈니스 액션	인사이트	데이터	예상되는 어려운 점
영업 마케팅	손익분기점 관객 수 달성	적절한 영업 마케팅 수행	개봉 6주 전에 개봉 후 첫 토요일 관객 수 예측	과거 개봉된 영화 제작비, 국가, 장르, 주연배우, 감독, 관객 수, 장르	데이터 확보
시스템 운용	에너지저장장치 운용 효율 제고	에너지저장장치 운용 최적화 시 데이터로 사용	빌딩(층별) 에너지 소요량 예측	과거 3년간 에너지 소비량	데이터 입도 (granularity, 초 단위 데이터 vs 일 단위 데이터)
품질	시장 품질 제고	검사 항목 및 기준 조정	필드 클레임 대상 제품의 제조 공정 검사 값 관계	공정 검사 데이터 + 필드 클레임 데이터	부서 간 데이터 사일로 극복 및 S/N vs P/N 매핑
제조 혁신	장비 다운 타임 최소화를 통한 오페레이션 효율 제고	담당 엔지니어의 확인 및 필요한 조치	장비 이상 및 고장 가능성 스코어	장비 센서 데이터 + 장비 고장 데이터	고장 라벨 부족

분야별 기획 사례

 세 번째 기획의 중요 요소는 분석이다. 데이터 재료를 가지고 원하는 인사이트를 얻으려면 애널리틱스의 어떤 기법들을 사용해야 할까? 콜센터에 전화한 대출자가 하는 말에 등장하는 단어들의 등장 횟수만으로 이탈 가능성을 예측할 수 있는가? 즉, 냉면 재료가 있다면 내가 냉면을 만들 수 있는 능력이 있는가? 없다면 누구에게 부탁할 것인가? 아니면 아예 포기하고 냉면집에 갈 것인가?

빅데이터 적용 대상은 기업이 보유한 기능의 전 분야다. 따라서 기획 대상도 전 분야다. 전략, 재무, 영업, 구매, R&D, 생산, 품질, AS 등 소위 비즈니스의 전 분야에 모두 해당한다. 그리고 여기서 데이터의 형태는 숫자로 된 정형 데이터와 텍스트나 이미지, 음성, 로그 등의 비정형 데이터가 있다.

왼쪽의 도표는 몇 가지 기획 사례들을 정리해놓은 것이다. 영업 마케팅 분야에서는 손익분기점을 넘는 관객 수 달성을 위해 어떻게 해야 하는지, 그리고 시스템 운용 분야에서는 에너지 저장 장치, 즉 전기세가 싼 밤에 충전했다가 비싼 낮 시간에 쓰는 배터리의 운용률을 어떻게 높일 것인지 등을 생각해야 한다. 즉 목표를 달성하기 위해서는 어떤 비즈니스 실행이 있어야 하고, 어떤 인사이트와 데이터가 필요한지, 그리고 예상되는 어려움은 무엇인지를 미리 생각해봐야 한다. 의사결정자의 기획력을 확보하기 위해서는 이와 같은 브레인스토밍을 여러 차례 해봐야 하는 것이다.

우리에겐 빅데이터를
이해하는 리더가 필요하다

기획 없는 인사이트는 맛없는 요리일 뿐

기획, 분석, 확인, 실행의 빅데이터 가치 만들기 4단계는 각각 누가 수행해야 할까? 앞서 2, 4단계의 주인공은 이미 언급했다. 각각 데이터 사이언티스트와 의사결정자다. 그렇다면 첫 단계 기획은 누구의 몫일까? 데이터 사이언티스트인가, 아니면 의사결정자인가?

식당을 예로 들어보자. 내 상태가 어떻고 거기에 맞추어 무엇을 먹을 것인지 결정하는 사람은 누구인가? 식당의 고객인가, 셰프인가? 당연히 고객이다. 그렇다면 빅데이터 프로젝트의 최종 목표인 가치를 설정하고, 필요한 인사이트 정의 및 확보 가능한 데이터 정의를 하는 사람은 누구인가? 바로 의사결정자, 즉 현업이다. 이유는 단 하나, 비즈니스 가치를 유일하게 아는 사람이기 때문이다. 현업을 모르는 데이터 사이언티스트에게 맡길 수 없기 때문이다.

도출한 인사이트가 무슨 의미인지, 말이 되는지, 믿을 만한 것인지, 실행의 기준으로 삼아도 되는지 판단하는 3단계도 의사결정자의 몫이다. 그리고 마지막으로 실제 실행으로 옮기는 주체도 의사결정자다. 이렇게 보면 빅데이터 가치 창출에서 의사결정자의 역할은 절대적이라고 할 수 있다. 이는 나 스스로가 100여 건에 가까운 빅데이터 가치 창출 프로젝트에 데이터 사이언티스트로서 관여하며 알게 된 엄연한 '팩트'다.

빅데이터를 다루는 데이터 사이언티스트들은 일종의 셰프라고 할 수 있다. 한국에는 현재 데이터 사이언티스트가 대략 1000명쯤 될 것이다. 그렇다면 우리나라 인구를 5000만 명이라고 했을 때, 4999만 9000명이 그 1000명에게 무언가를 만들어달라고 요구해야 한다.

그런데 지금 우리나라에서 빅데이터의 잠재력이 아직 발휘되지 않은 이유는 의사결정자들이 가치–인사이트–데이터의 기획을 하지 못하기 때문이다. 심지어 기획 없이 눈

빅데이터 가치 창출을 위한 핵심 역량 가운데 가장 중요한 것 중 하나가 리더의 역할이다.

에 보이는 데이터를 가지고 무조건 분석해서 인사이트를 내는 〈냉장고를 부탁해〉 형태의 빅데이터 프로젝트를 한두 건 해보고는 "빅데이터도 인공지능도 다 해봤는데 효과가 없어요", "현업에서 전혀 도움이 안 된다고 해요"라는 불평이 나오는 실정이다. 스스로에게 물어보자. 일면식도 없는 셰프가 자신이 제일 잘하는 요리를 해주면 그걸 먹으면서 우리는 행복할까?

알아야 할 수 있는 '의사결정'

의사결정자는 누구를 말하는 것인가? 마케팅, 상품기획, 생산, HR 부서에서 일하는 현업들이다. 사실 조직에서 데이터 사이언티스트를 제외한 나머지, 즉 신입사원에서부터 최고경영자까지가 모두 의사결정자에 포함된다.

이들은 가치 만들기 4단계 가운데 1단계인 전체 그림을 그리는 '기획'을 한다. 또한 3단계인 도출된 인사이트 확인을 하고, 4단계인 인사이트에 대한 실행을 수행하여 가치를 창출한다. 매우 중요한 사람들로서 이들이 바로 식당의 고객이다. "나는 지금 너무 더워서 얼음이 둥둥 떠 있는 물냉면을 먹고 싶다"라고 이야기하는 것이 이들의 역할이다. 그런데 물냉면을 시킨다는 것은 이미 물냉면을 먹어봐서 그 음식의 맛과 모양과 효과를 알고 있다는 것이다. 삼계탕도 그렇고, 탕수육도 그렇다. 즉 애널리틱스의 종류와 예상 결과, 그 한계 등에 대한 이해가 있어야 한다는 말이다.

에티오피아 식당에 처음 갔다고 생각해보자. 우리가 이전에 에티오피아 음식을 먹어본 적이 없다면 한글로 된 메뉴판을 받아서 열심히 들여다봐도 이름만 가지고는 무엇을 시켜야 할지 알 수 없을 것이다. 원하는 음식을 주문하려면 식당 손님, 즉 의사결정자는 그 식당에 무슨 요리가 있는지, 그 요리의 맛은 어떠한지, 그걸 먹으면 어떤 효과가 있는지를 알아야 한다. 즉 직접 체험해봐야 한다. 이처럼 의사결정자들은 빅데이터를 분석한다는 것이 무엇인지, 인사이트는 어떻게 생겼는지, 그 실행 과정에서 어떤 어려움을 만나게 될지를 직접 체험해봐야 한다. 바로 빅데이터 분석 교육이 필요한 이유다.

그런데 대부분의 CEO들이 의사결정자들을 교육시키는 일에는 투자하지 않으면서 "요즘 빅데이터 이야기 많이 들었어요. 분석하면 많은 인사이트를 얻어서 가치 창출을 할 수 있다고 합니다. 그러니 좋은 아이디어 좀 내보세요"라는 식으로 몰아붙인다. 이는 "에티오피아 음식 맛있다고 하던데, 메뉴 보고 잘 골라서 주문하세요"라고 이야기하는 것과 같다. 골프를 한 번도 쳐본 적 없는 사람에게 "걱정하지 마세요. 오늘밤에 TV 스포츠 채널 보면 거기 나오거든요. 그걸 잘 보고 내일 그대로 치시면 됩니다"라면서 내일 필드에 나가자고 하는 것과 똑같다.

수없이 연습해야 클럽으로 공을 제대로 맞히고, 많이 먹어봐야 내가 원하는 요리를 주문할 수 있다. 의사결정자들은 빅데이터 및 애널리틱스 교육을 통해 그 과정에 대한 이론적 이해와 실제 분석을 체득해야 한다. 그래야만 기획도 하고, 인사이트 검증도 하고, 자신 있게 인사이트 기반의 실행을 할 수 있다.

기획하려면 모든 과정을 섭렵해야 한다

그렇다면 의사결정자는 구체적으로 빅데이터 및 애널리틱스의 어떤 내용을 어느 수준까지 배워야 하는가? 당연히 분석가 수준의 심도 있는 교육은 필요 없고, 또한 이것은 몇 주 만에 가능하지도 않다. 마치 셰프가 되려면 요리학교에 몇 년 다녀야 하지만, 이탈리안 레스토랑에 가서 원하는 음식을 정확히 주문할 수 있는 고객이 되려면 백화점 문화센터의 '이탈리안 쿠킹' 4주 과정으로 충분한 것과 같다.

교육 과정에서의 조리 교육과 식당 고객에 대한 조리 교육은 유사 내용도 있겠지만 기본적으로 그 깊이와 넓이에서 커다란 차이가 있다. 의사결정자를 위한 애널리틱스 교육 과정에서는 의사결정자가 애널리틱스, 실습, 문제 셋업으로 불리는 포뮬레이션, 그리고 기획 및 실제 인사이트 도출까지 공부하고 경험한다. 구체적으로 이렇다.

첫째, 기본 이론 및 알고리즘을 공부하고, 둘째, 실제 데이터를 가지고 컴퓨터를 활용해서 애널리틱스 방법론을 적용함으로써 인사이트를 도출하는 실습을 수행하며, 셋째, 비즈니스 문제 상황 및 원하는 가치가 주어졌을 때 어떻게 분석 문제로 변환시키는지 도상 훈련을 한다. 그리고 넷째, 각자의 업무 분야에서 중요한 가치를 줄 수 있는 가치-인사이트-데이터로 이어지는 기획을 수행한 후, 마지막 단계에서는 자신이 수립한 기획에 따라 실제 데이터를 확보하여 애널리틱스 방법으로 인사이트까지 도출하는 것이다.

나는 이러한 교육 과정을 개발해서 국내 굴지의 은행 및 통신 계열 기업체의 100명이 넘는 현업 의사결정자들에게 수차례에 걸쳐 교육을 진행했고, 교육 후 이들이 교육의 목표인 기획 및 기초 분석 능력을 터득했다는 것을 직접 확인했다.

물론 각 단계를 공부함에 있어서는 몇 가지 난관이 있다. 첫 번째 난관은 데이터 사이언스 이론이다 보니, 문과 출신 현업 의사결정자에게 생소한 선형대수, 확률, 통계 개념이 등장한다는 것이다. 물론 데이터 사이언티스트가 되려면 깊이 있는 이해가 필요하지만 의사결정자 교육에서는 반나절에서 하루 정도 최소한의 투자로 이를 헤쳐나갈 수 있다.

두 번째 난관은 실제 분석에서 부딪치게 된다. 데이터 사이언티스트가 사용하는 도구는 R 또는 파이선이라는 프로그래밍 언어다. 코딩을 배운 적 없는 문과생이나 대학 1학년 교양 수업에서 코딩을 딱 한 번만 해보았던 이공계 학생이라면 추가로 6개월에서 1년 동안을 배워야 한다(공대생은 모두 코딩을 잘한다고 생각하지만 실제로 컴퓨터공학과나 산업공학과, 전기공학과 정도에서만 코딩을 배운다. 다른 학과 출신은 자신이 따로 독학하지 않았다면 코딩을 하지 못한다). 배보다 배꼽이 더 큰 상황이다.

다행히 최근에는 래피드마이너rapidminer와 같이 코딩하지 않고 클릭과 드래그만으로도 데이터 분석을 하는 소프트웨어 패키지가 등장해서 이를 활용하면 코딩이 필요하지 않다. 내가 서울대 교양과목으로 개설해서 가르치고 있는 '빅데이터의 이해' 강좌에서 바로 이 소프트웨어 패키지를 사용하는데, 코딩을 배운 적도 해본 적도 없는 인문대, 사회대, 음대 학생들도 금방 터득해서 데이터 분석을 할 수 있게 된다.

세 번째와 네 번째 난관은 앞에서 배운 내용을 활용해서 브레인스토밍을 통해 스스로 문제를 풀어야 하는 단계에서 찾아온다. 우리나라 교육 방식이 주입식, 암기식이 많아서 문제 해결을 하라고 하면 누구나 매우 당황한다. 그러나 이 단계는 반드시 거쳐야 할 단계다. 특기할 만한 사항은 앞 단계에서 젊은 대리나 과장에 비해 힘들어하던 부장이나 팀장급들이 아주 잘 해낸다는 것이다. 이들이 업무에 대한 넓고 깊은 이해를 가지고 있고 경험도 많아서 사내에 중요한 가치로는 어떠한 것이 있고, 이 가운데 어떤 것이 데이터 분석을 통해 구현될 수 있을지 잘 이해하고 있기 때문이다.

필요한 인사이트를 도출하는 데 맞춤한 데이터를 찾고 확보해서 분석하는 것은 시간이 걸리고 담당자를 설득해야 하며 상사에게 확신을 심어줘야 하는 어려운 과정이다. 그러나 결국은 빅데이터 가치 창출의 주요 과정을 직접 경험해보는 것이기에 반드시 필요한 과정이기도 하다. 재료 준비에서부터 요리를 만들고 먹어서 만족을 얻는 전 과정을 제대로 경험하는 것이기에 그렇다.

데이터 사이언티스트는 어디서 구하는가

이제 빅데이터 가치 만들기 4단계 중 2단계인 분석을 담당하는 분석가, 데이터 사이언티스트, 데이터마이너에 대해 알아보자. 이들은 머신러닝, 컴퓨터공학, 통계학, 산업공학 등의 애널리틱스 전문가로서 데이터에서 비즈니스 인사이트를 도출하는 역할을 한다.

빅데이터를 분석하는 데 필요한 능력은 다양한 전공을 공부해야 습득할 수 있는 것이다. 통계학, 컴퓨터공학, 산업공학의 관련 과목을 골라서 수강해야 하며, 이 가운데 어느 한 학과에서 전공을 이수하면서 타 학과 수업도 충분히 수강하는 것이 좋다. 하지만 문제는 그것이 쉬운 일이 아니라는 것이다. 게다가 빅데이터가 적용되는 분야의 지식도 어느 정도 필요하다. 제조 공정에 적용한다면 기계공학, 화학공학, 재료공학에 대한 기초지식이 있으면 좋고, 영업 마케팅에 적용한다면 경영학이나 심리학을 알면 좋다. 이렇다 보니 한 사람이 이런 능력을 모두 갖추는 건 사실상 쉽지 않은 일이다.

분석가를 구하는 첫 번째 방법은 외부에서 임대하는 것이다. 컨설팅업체의 컨설턴트나 대학교의 교수와 대학원생이 그 대상이다. 두 번째는 외부로부터 직접 고용을 하는 것이고, 세 번째가 내부 인원을 재교육해서 직접 키우는 방식이다.

첫 번째, 외부 임대를 고려해보자. 컨설팅업체나 대학교 연구실과 협력하는 것인데, 집에 요리할 사람이 없으니 식당에 가든가 전화로 요리를 주문하는 것이다. 물론 이 경우에도 내가 무엇을 원하는지, 어떤 가치를 위해 어떤 인사이트가 필요한지, 그걸 찾을 수 있는 재료인 데이터는 어디 있는지를 나 스스로 알고 이를 정확히 알려줘야 한다. 즉 기획은 사내 현업 의사결정자들이 해야 한다. 물론 처음 하는 경우에는 기획 자체를 맡길 수도 있다. 그러나 맡기기보다는 함께 머리를 맞대고 주제를 찾아야 한다.

컨설팅업체와 대학교 연구실 협력의 장단점은 다음과 같다. 컨설팅업체는 아주 단기간에, 예를 들어 3, 4개월 내에 하나의 프로젝트를 완성할 수 있다. 또한 해당 회사가 최근에 같은 업종 내 다른 업체에 유사한 빅데이터 프로젝트를 진행했다면 기획 과정 자체를 생략할 수 있다는 장점이 있다. 예를 들어, 카드사의 사기 결제 탐지 시스템은 모든 업체가 필요해서 구축하고 있으니 타 업체의 시스템을 구축한 경험이 있는 컨설팅업체에 맡기는 것은 아주 간단한 일이 될 수 있다.

반면 대학교 연구실은 최소 6개월에서 1년의 기간이 소요된다. 왜냐하면 분석을 진행하는 교수와 대학원생들은 강의와 수업 및 논문 연구 등의 다른 일이 있고, 회사 일은 부수적이기에 전일제로 투자할 수 없기 때문이다. 그러나 대학교 연구실의 장점은 가치와 인사이트 및 데이터가 분명한 전형적인 문제가 아닌 경우 도움이 된다는 것이다. 즉 문제 자체가 무엇인지 애매하거나, 처음 풀어보는 문제이거나, 문제를 어떻게 풀어야 할지 분명하지 않아서 새롭고 창의적인 해법이 필요한 경우다.

즉 컨설팅업체는 동일한 문제에 동일한 해법을 수차례 반복 적용하는 것을 잘하고, 대학교 연구실은 새로운 문제에 대한 해법을 찾는 것을 잘한다. 따라서 내가 당면한 문제가 흔한 문제이면 컨설팅업체에, 애매하고 아무도 시도해보지 않은 문제이면 대학교 연구실에 의뢰하는 것이 좋다. 대학교 연구실의 또 다른 장점은 소요 비용이 컨설팅업체의 대략 10퍼센트밖에 되지 않는다는 것이다.

자기가 먹고 싶은 걸 만드는 셰프라니!

분석가를 구하는 두 번째 방법인 외부 고용의 경우를 살펴
보자. 현재 대한민국의 데이터 사이언티스트는 공급 부족
이 심각하다. 수많은 기업과 공공기관이 분석을 하고 싶어
하지만 대학이나 대학원에서 공급되는 이들은 컴퓨터공
학, 산업공학, 통계학 전공의 일부 학생들이다. 게다가 데
이터 사이언스는 컴퓨터공학의 알고리즘, 데이터베이스,
코딩뿐만 아니라 산업공학의 문제 해결 능력 및 통계학의
수리적 기반이 융합되어 있어서 타과 과목을 많이 수강해
야만 한다. 따라서 데이터 사이언스라는 새로운 대학 학과
를 만들어서 융합적으로 교육해야 하지만, 우리나라는 새
로운 학과를 만드는 것이 불가능하다. 수도권 정원규제라
는 교육부의 수십 년 된 낡은 규제로 정원을 늘리지 못하기
때문이다. 그나마 서울대학교에 데이터 사이언스 석박사
과정이 설립되어 2020년부터 학생을 모집하게 되어 천만
다행이다.

　미국에서는 수십 개의 명문 대학들이 이미 10년 전부터
데이터 사이언스 석사 프로그램을 만들어 운용하고 있다.
특히 대부분의 학위가 MBA 같은 실무형 데이터 사이언스

과정이라서 산업체 발전에 크게 기여하고 있다. 기간도 12개월에서 18개월로 제각각이고 다양한 실무 인턴 프로그램을 운영해서 졸업과 동시에 기업이나 공공기관에 취업한다. 이들은 실무 교육을 철저히 받아 출근 첫날부터 주어진 데이터를 분석해서 인사이트를 도출할 수 있는 인재로 자란다. 사회적 요구가 있으면 곧바로 해당 분야의 교육 과정을 자유롭게 만드는 미국의 대학 시스템이기에 가능한 일이다.

마지막 세 번째 방법은 자체 인력을 교육해서 데이터 사이언티스트를 만드는 것이다. 사실 이게 가능하면 가장 좋은 방식이다. 자체 인력이란 결국 의사결정자들이기 때문이다. 이들은 가치와 인사이트를 누구보다 잘 알 수 있는데, 이들이 분석 능력까지 갖춘다면 천하무적이 될 수 있다. 셰프가 자기가 먹고 싶은 걸 만든다고 생각해보라.

국내 모 제조기업은 200여 명 가까운 현업 엔지니어들을 20여 주 전일제로 데이터 사이언스 교육을 시키고 있다. 기초 분석부터 딥러닝과 같은 고난도 분석 능력을 함양하고 있다. 그런데 사실 이 정도 해서는 분석만 전문으로 하는 사람들의 수준에 다다르지는 못한다. 왜냐하면 분석가들은 보통 수학, 산업공학, 컴퓨터공학, 통계학 관련 과목을 수강하는 데 학부 4년과 석박사 2~6년의 시간을 들이기 때문이다. 거기에 학위 논문 연구까지 경험한 사람들이다.

물론 20주도 웬만한 기업에서는 상상할 수 없는 인적 및 물적 투자다. 그들의 생각은 여기에 100억에 달하는 투자를 하더라도, 그동안 찾지 못했던 새로운 인사이트를 데이터로부터 찾아낸다면 그 가치가 투자 금액의 수십 배가 될 수 있다는 것이다.

수레바퀴를 바꾸는 것은 리더의 역할

수레를 끄는 두 사람이 있다고 가정해보자. 그런데 이들이 밀고 끄는 수레바퀴는 사각형이라서 앞으로 잘 나가지 않는다. 마침 뒤에서 나타난 데이터 사이언티스트가 원형 바퀴를 들고 교체를 제안하려고 하는데, 의사결정자들은 "됐어요. 나 바빠요. 말 시키지 마세요." 하면서 하던 일을 열심히 하는 것이다. 이게 바로 데이터 사이언티스트들이 의사결정자를 바라보는 안타까운 마음이다. 데이터를 보고 인사이트를 얻으면 일을 훨씬 쉽게 더 잘할 수 있을 텐데 하고 말이다.

그런데 의사결정자들은 실제로 너무 바빠서 이야기할 시간이 없다. 왜냐하면 자신이 끌고 가야 하는 일, 즉 그 수레가 잘 안 끌리니 그것을 끄느라 애를 써야 하기 때문이다. 게다가 이들은 데이터 사이언티스트가 자신들의 현업에 대해 너무도 무지하여 아무런 도움을 주지 못할 것으로 확신하고 있다. 아무리 훌륭한 셰프도 내가 지금 이 순간 먹고 싶은 음식을 해올 수 없다는 것을 아는 것처럼 말이다.

이 악순환을 깰 수 있는 사람은 단 한 사람, 리더뿐이다. 여기서 리더의 역할이 너무도 중요하다. CEO는 먼저 이런 일이 일어나지 않도록 의사결정자들에게 빅데이터 및 애널리틱스 교육을 시켜야 한다. 이들에게 빅데이터 가치 창출 프로젝트 기획을 할 수 있게 해주어야 한다. 그리고 필요하다면 데이터 사이언티스트를 영입해야 한다. 그런데 어떤 경우에는 마음 급한 CEO가 분석가부터 영입해서 팀을 만들고는 "뭐 좀 해봐"라고 하는데, 이는 요리사를 불러다놓고 무조건 요리하라는 것과 같다. 도대체 뭐가 먹고 싶은지는 절대로 말을 안 하면서 말이다. 그러다 보니 불려온 요리사가 아무리 요리를 열심히 해도 하나같이 입맛에 맞지 않는다며 계속 어깃장을 놓는 형편이다.

　그리고 모름지기 리더는 빅데이터 기반의 인사이트를 가지고 실행하려는 실행 당사자에게 힘을 실어줘야 한다. 데이터 기반 의사결정을 지지해줘야 한다. 사실 이는 기존의 의사결정 방식에 익숙해진 CEO가 하기 힘든 일일 수도 있다. 나름대로의 전문지식과 경험과 감을 가지고 결정해왔던 것을 제쳐두고 갑자기 데이터를 들고 온 신입사원의 말을 따르기는 어렵다. 그래서 우선적으로 "자네가 뭘 안다고?"하면서 거절하기도 하는데, 그보다 더 나쁜 경우는 "그래? 한번 해봐. 그런데 자네가 책임져"라고 하는 상황이다. 이것은 국내 모 대기업에서 실제로 벌어진 상황이다. 현재 그 회사의 분석팀 멤버들은 모두 다 퇴사했다.

　빅데이터를 활용하는 데 있어 리더에게는 무엇보다 빅데이터 가치를 이해하고 애널리틱스의 메커니즘을 이해하는 일이 우선되어야 한다.

사회 혁신을 위한
공공데이터

사일로 문화 극복을 통한 빅데이터 확보

빅데이터가 활성화되려면 빅데이터가 필요하다. 빅데이터 시대에 빅데이터가 필요하다니, 이게 무슨 뜻인가? 큰 조직 안에 데이터가 많다고 해서 분석을 위한 데이터를 많이 확보할 수 있는 것은 아니다. 이른바 부서 사일로silo화가 걸림돌이 된다.

사일로란 곡식을 쌓아두는 창고를 말하는데, 흔히 창고 간 소통이 없다는 의미로 사용된다. 조직 내 부서 간에 담을 쌓고 타 부서와 소통하지 않는 문화를 일컫는 말이다. 조직의 각 부서는 자기 데이터를 움켜쥐고 다른 부서에 잘 주지 않는다. 물론 이 경우에 프라이버시 이슈가 매우 좋은

핑계가 된다. 사람이 아닌 기계 데이터도 이런 저런 이유로 줄 수 없다고 한다. 그런데 여기에는 좀 더 근본적인 이유가 두 가지 있다. 첫째, 데이터의 부실한 정도가 타 부서에게 공개되는 것이 부담스러울 수 있다. 둘째, 우리가 힘들게 모은 데이터로 남 좋은 일 시키고 싶지 않다는 심리다.

이런 부분은 기업 내에서 보상 체계를 수정해서 반드시 극복해야 한다. 원칙은 각 부서의 데이터는 해당 부서의 데이터이기도 하지만 조직 전체의 데이터이기에 타 부서가 접근할 수 있어야 한다는 것이다. 현실에서 이것이 가능하게 하려면 데이터를 수집하고 관리하고 필요할 때 제공해 준 부서에도 최소한 보상의 3분의 1은 나누어줘야 한다. 과거 축구 경기에서는 골 수만 가지고 선수를 평가했다면 최근에는 어시스트도 평가 기준으로 사용한다. 이 둘을 더해 공격 포인트라는 개념도 만들었다. 패스해주는 선수에게도 보상을 주어야만 더 좋은 위치에 있고 득점할 가능성이 높은 동료에게 패스해주기 때문이다.

관련 기업들 간의 데이터 공유도 문제다. A사 부품을 B사가 구매하는 경우, A사의 제품뿐만 아니라 부품 검사 데이터도 B사로 와야 한다. 그러나 이런 데이터의 교류는 대개 이루어지지 않는다. 혹시 데이터가 와도 어느 부서 컴퓨터 안에서 잠자는 경우가 대부분이다.

신용카드사의 데이터를 얻고 싶은 기업은 너무나도 많은데 이것은 개인정보보호법 때문에 구매할 수가 없다. 100퍼센트 금지되어 있다. 통신사의 고객 데이터 또한 너무도 많은 기관이나 기업에서 관심을 가지고 있지만 이 또한 법적으로 활용이 불가능하다. 온 사방에 데이터가 넘쳐난다고 할지라도 그 데이터를 분석해서 가치를 만들려는 주체가 접근할 수 있는 데이터는 자기가 확보한 데이터밖에 되지 않는다. 국가 전체적으로는 빅데이터이지만 개별 기업 입장에서는 스몰데이터인 것이다. 많이 아쉬운 상황이다.

공공기관 또한 마찬가지다. 국민들은 정부라고 하면 대통령을 최고 책임자로 둔 하나의 일사분란한 조직이라고 생각하기 쉽다. 그러나 그 속을 들여다보면 하나의 정부 안에 실제로는 수십 개의 부처와 부서가 있다. 예컨대 법무부와 행정안전부 사이에는 데이터 교류가 전혀 없다. 급기야 법으로 막혀 있다. 한 부처 내의 부서 간에도 데이터 교류는 거의 없다. 타 부처나 타 부서 간에 데이터를 교류해서

활용하면 행정 효율이 훨씬 높아질 텐데, 참으로 안타까운
일이 아닐 수 없다.

공공데이터는 엄청난 가치의 무료 빅데이터

그렇다고 현실이 어둡기만 한 것은 아니다. 희망도 있다.
바로 공공데이터 활용이다. 공공데이터란 정부나 공공기
관이 보유한 데이터를 말하는데 우리 정부는 수년 전부터
민간에서 사용할 수 있도록 데이터를 개방하고 있다. 공공
데이터 포털(data.go.kr)에 가면 다양한 정부 데이터들이 개
방돼 있다.

우리나라는 공공데이터 관련 법이 수년 전에 통과되었
고, 이에 의거해 공공데이터전략위원회가 만들어졌다. 국
무총리와 내가 공동 위원장이고 대다수 위원들은 민간에
서 온 전문가로서 어떤 데이터를 어떻게 공개해야 하는지
전략을 만들고 실행하고 있다. 국민이 원하는 데이터 개방
에 대한 아이디어를 민간위원들에게 맡기겠다는 것이 입
법의 취지다.

OECD 국가 중에서는 우리나라가 공공데이터 개방 면
에서 1, 2등을 다툴 정도로 개방도가 높은 편이다. 그런데

2019년 3월 기준 우리나라 공공기관이 보유한 데이터 가운데 공개된 데이터의 비율은 10퍼센트가 되지 않는다. 앞으로도 90퍼센트 이상의 데이터가 공개를 기다리고 있다는 것이다.

최근에 심각해진 미세먼지의 원인에 대해 일부에서는 중국 탓이다, 경유 차량 탓이다, 석탄 화력발전소 탓이다, 건설 장비 탓이다, 산업 폐기물 탓이다, 고등어 탓이다 등 말이 많다. 물론 이 모든 것들이 원인일 것이다. 그런데 각각의 영향력, 즉 미세먼지 원인으로서의 비율이 어느 정도인지를 정확히 모르는 것이 문제다.

미세먼지 발생 원인을 철저히 측정해 데이터 확보 및 저장 그리고 개방을 한다면 전문가들이 그 비중을 정확히 파악하게 된다. 이를 통해 최소한의 비용과 고통으로 최대한의 효과를 내는 해결책을 찾아낼 수 있을 것이다. 그렇게 되기 전까지는 각자의 상상력과 주관적인 의견만을 모아 효과 없는 대책으로 시간과 정력만 낭비할 것이다.

빅데이터 활용을 가능하게 하는 것은 '제도'

빅데이터 활성화를 위해서는 제도적 지원도 필요하다. 어디까지가 합법이고 어디까지가 불법인지에 대한 분명한 가이드라인, 그리고 이를 뒷받침하는 사회적 합의가 그것이다. 우리나라에는 개인정보보호법이 있는데 주로 유럽의 법률을 참조해서 만들었다. 유럽은 개인정보를 인권으로 바라보고 기본적으로 공개를 금하고 있다. 그렇다 보니 우리나라 개인정보보호법의 규제 강도는 세계에서 두 번째로 강했다.

우리보다 더 심한 1위 국가가 일본이었는데 최근 3~4년 사이에 개인정보를 활용하는 쪽으로 노선을 바꾸었다. 따라서 현재는 우리나라가 개인정보를 보호하는 법률의 광범위함과 강도에서 압도적인 세계 1위 국가가 되었을 것이다. 현재 우리나라에서는 개인의 데이터를 가지고 빅데이터 분석을 하는 것은 거의 원천적으로 봉쇄되어 있다고 할 수 있다.

특히 우리나라에는 개인정보보호법 말고도 정보통신망법이라는 것이 있다. 개인정보보호법에 따르면 동의 없는 개인정보 수집을 했을 경우 과태료 처분을 받지만, 정보통신망법에 따르면 이는 곧바로 구속 사유가 된다. 그렇다 보니 오프라인에서 사업을 하는 경우 개인정보를 수집하면 과태료 처분을 받는 데 그치지만 온라인 사업의 경우 개인 데이터를 수집하면 정보통신망법에 저촉되어 형사처벌을 받게 된다.

이와 같이 온라인이냐 오프라인이냐에 따라서 개인정보 규제가 큰 차이를 보이고 있다. 최근 대부분의 데이터가 온라인에서 생성되므로 새로 자라나는 온라인 서비스 산업의 싹을 원천 봉쇄하는 셈이다. 그리고 추가로 신용정보 보호법이 있어 핀테크의 발전을 가로막는 걸림돌로 작용하고 있다. 우리나라 서비스 산업의 낙후성과 낮은 생산성의 원인 가운데 하나가 이렇듯 오래전에 만들어져 현실과 동떨어진 규제, 법률마다 다른 담당 정부 부처 및 국회 상임위라고 할 수 있다.

이 문제는 지난 십여 년간 지속적으로 지적되고 있는데, 강력한 개인정보 보호 체계를 좋게 보는 사람들도 있는 반면 너무 과하다고 생각하는 사람들도 있다. 현재 비식별화를 조건으로 개인정보 공개가 가능하도록 하는 개인정보 보호법 개정 법안이 국회에는 들어갔지만 아쉽게도 언제 처리될지는 알 수 없다.

미국은 개인정보를 대하는 태도에서 유럽과 완전히 상

반된 태도를 보인다. 이를 인권이라고 생각하지 않는 것이다. 사실 미국은 1970년대에 개인정보에 대한 사회적 논의를 치열하게 거친 후에 기본적으로는 활용을 허용하되 대신 범죄에 악용되는 경우에만 처벌하는 것으로 정리했다. 우리나라는 범죄에 악용될 수 있는 가능성만 있어도 처벌하는 것과 커다란 차이가 있다. 이후 미국은 개인정보를 적극적으로 산업에 활용할 것을 권장하고 있다. 데이터를 구매하고 가공하고 판매하는 것이 모두 허용된다. 데이터 가공업과 데이터 산업 자체가 세계에서 가장 활성화되어 있는 이유가 여기에 있다.

혁신을 위한 사회적 합의

법률은 정부나 국회의원들이 만들고 국회에서 처리한다. 그러나 그 바탕에는 우리 국민들의 빅데이터에 대한 정확한 이해가 뒷받침되어야 한다. 우리는 빅데이터를 어떻게 바라보고 있는가? 정부나 대기업이 국민들의 사생활을 들여다보는 창구로 생각하는가? 아니면 부존자원이 전무한 우리나라가 도약할 수 있는 혁신의 재료로 생각하는가? 결국 빅데이터의 밝은 면과 어두운 면을 정확히 이해하고 어디까지 이를 허용할 것인지를 결정해야 한다.

사실 전문가가 아니면 개인정보의 비식별화와 재식별화는 무엇이고, 이것이 100퍼센트 믿을 만한 것인지, 대기업이 나의 지난 1년간의 마트 구매 정보나 의료 정보를 확보한다면 나에게 어떤 좋은 일과 나쁜 일이 일어날 수 있는지 판단하기 어렵다. 단순히 그저 기분이 나쁘다가 아니라 구체적으로 장단점을 따지고 나에게 무엇이 이롭고 해로운지 주판알을 튕겨볼 수 있어야 한다.

이를 위해서는 공론화가 절대로 필요하다. 흔한 심야 TV 토론도 여러 각도로 많이 진행돼야 한다. 활용하자는 측과 위험하니 못하게 해야 한다는 측의 이야기를 다 들어보아야 한다. 현재 외국에서는 어떻게 하고 있는지, 여러 나라의 제도와 관행에 대해서도 들어보아야 한다. 우리 국민은 수년 전 사회적 이슈에 따라 유전공학 관련 전문용어도 다 이해하지 않았나? 전문가들이 공개적으로 토론하는 것을 보면 국민들은 충분히 이해하고 현명한 선택을 내릴 수 있을 것이다.

선진국들은 이 문제에 대해 이미 공론화 과정과 많은 토의를 거쳐 방향을 정했다. 빅데이터만의 문제가 아니라 인류의 역사는 새로운 기술을 적극적으로 활용하고, 그 과정에서 발생할 수 있는 리스크는 법과 제도적 제제를 통해 최소화하는 쪽으로 흘러왔다. 이는 앞으로도 마찬가지일 것이다. 우리가 맘에 안 들어서 우버를 쫓아낸다고 해서 우버가 없어지는 게 아니다. 전 세계에서 우버는 애용되고 있다. 게다가 수년 안에는 이보다 더 큰 충격인 자율주행차가 등장할 것이다. 그때도 우리는 각종 리스크만 고려하여 금지할 것인가?

우리나라만 여전히 시대에 뒤처져 그 흐름을 놓칠 수는 없다. 보기 싫고 무서운 것일수록 두 눈 똑바로 뜨고 마주해야만 한다. 포식자를 보고 머리만 모래 속에 묻는 꿩처럼 되어서는 안 된다. 이를 위해서는 언론과 정치적 리더십의 역할이 매우 크다고 하겠다.

누가 빅데이터의
주인이 될 것인가

나의 데이터도 내 것이 아니다?

끝으로 데이터의 소유권에 대해 살펴보겠다. 무한한 활용 자원이라 할 빅데이터의 주인은 누구일까? 재료가 있어야 요리를 할 수 있을 텐데 그 재료는 누구의 소유인가? 모든 빅데이터는 현재 공공기관이나 기업이 소유하고 있다. 정부는 법적 근거를 통해 국민들의 생년월일, 가족관계, 주소 등을 강제로 수집하고 있으며, 민간 기업은 소비자에게 편리함이라는 당근을 제시하면서 데이터를 확보하고 있다.

우리가 구글에서 검색을 하거나 유튜브에서 동영상을 볼 때 대부분은 돈을 내지 않고 공짜로 이용한다. 네이버, 카톡, 구글, 페이스북, 인스타그램 모두가 무료 서비스다.

이렇게 유용한 서비스를 우리에게 무료로 제공하는 회사들은 정말 천사같이 보인다. 그런데 사실 그 천사들은 무료의 대가로 우리의 매우 사적인 데이터를 가져간다. 만일 내가 누구와 대화하는지, 어떤 단어를 검색하는지, 어떤 사진을 찍었는지 아무에게도 알리고 싶지 않다면 위에 언급한 서비스를 사용하지 말아야 한다. 우리는 공짜로 서비스를 받는 대신 우리의 데이터를 건네주고 있다. 사실상의 암묵적인 거래가 발생하고 있는 것이다.

구글이 창업했을 때 내건 모토가 전 세계 모든 데이터를 모으겠다는 것이었다. 이들은 우리에게 검색 서비스를 무료로 제공하면서 우리의 관심사를 데이터로 모으고 있다. 전 세계 모든 나라 모든 사람들을 대상으로 24시간 쉬지 않고 말이다. 예를 들어 이 책의 독자 대다수가 '빅데이터', '머신러닝'을 검색하면 구글은 2019년 대한민국 사람들이 빅데이터와 머신러닝에 관심이 많다는 것을 알게 된다.

미국에서 독감이 남쪽에서 북쪽으로 올라올 때 어느 지역까지 왔는지를 구글이 실시간으로 중계해준 일이 있었다. 어떻게 가능할까? 내가 사는 도시 바로 남쪽에 독감이 왔다는 뉴스를 본 사람들은 열심히 구글을 검색한다. 하지만 그곳에서 멀리 있는 사람은 아직 검색하지 않는다. 그래서 어느 지역에서 검색의 빈도수가 높아졌는지를 보면 독감이 어디까지 왔는지를 미국의 질병관리국 못지않게 정확히 알아낼 수 있다. 다만 차이는 구글이 훨씬 저렴한 비용으로 알아낸다는 것이다.

그렇다면 그와 같은 데이터가 없는 사람은 어떻게 해야 할까? 불공정하지 않은가? 그렇다고 외부로부터 데이터를 살 수도 없다. 앞서 말했듯이 우리나라는 개인정보보호법으로 인해 프라이버시에 관련된 것은 매매가 불가능하다. 그런데 어처구니없는 것은 내 데이터도 내 것이 아니라는 사실이다. 내가 병원에 가서 혈액 검사를 하면 그 결과 데이터가 해당 병원과 건강보험공단의 컴퓨터에 들어가고, 그 두 기관이 저작권을 갖게 된다. 다만 내가 갖는 것은 인쇄된 종이뿐이다. 내가 평생 다닌 모든 병원에 남아 있는 나의 증상, 검사 결과, 진단, 처방 데이터는 내 것이 아니다.

어떻게 이런 일이 일어날 수 있는가? 우리는 나의 건강 관련 데이터를 소유할 수 없는 것인가? 내 데이터를 내가 주고 싶은 누군가에게 줄 수는 없는가? 이에 관한 대책이 없는가?

데이터를 모으는 글로벌 대기업들

세계적인 글로벌 대기업들은 모두 데이터를 사랑한다. 아니 사랑 정도가 아니라 사활을 걸고 데이터를 확보하고자 한다. 먼저 2019년 1분기 기준 세계 시가총액 톱 10 기업을 살펴보자. 1위는 아마존이고, 그 뒤로는 마이크로소프트, 알파벳, 애플, 버크셔헤서웨이, 페이스북, 텐센트, 알리바바, 존슨앤존슨, JP모건체이스 순이다. 이 가운데 1위부터 4위, 그리고 6위부터 8위까지가 데이터 기업이다. 아마존은 수익이 거의 없는, 정확히 말해 "연구개발에 돈을 퍼부어 수익을 안 만드는" 회사임에도 주가는 끝 모르게 오르고 있다. 쇼핑몰로서 고객들의 구매 데이터를 자동으로 확보할 수 있다는 이유로 높은 평가를 받는 것이다. 직접 데이터를 만들지 못하는 마이크로소프트는 데이터를 많이 가진 회사를 인수했으니, 2016년에 수억 명의 회원을 가진 소프트엔지니어 중심의 커리어 관리 전문 사이트 링크드인을 무려 29조 원에 인수했다. 혹자들은 달러를 데이터로 환전했다고 한다. 그야말로 데이터는 새로운 통화다.

그렇다면 우리나라는 어떠한가? 데이터 전문 회사로는 네이버와 카카오가 있다. 쿠팡은 인터넷 쇼핑몰로서 직접 배송을 하는데 고객들이 환호하는 로켓배송은 무료이다 보니 회사는 상당한 손실을 입고 있다. 그러나 손정의 소프트뱅크 회장의 비전펀드는 여기에 2015년 1조 원을 투자한 데 이어 2018년 또다시 2조 원을 투자했다. 우리나라 사람들 모두를 대상으로 누가 언제 무엇을 구매하는지에 대한 데이터를 확보할 수 있는 유일한 회사이기 때문이라는 해석이 설득력 있다.

거스를 수 없는 일상의 데이터화

구글, 페이스북 등은 무료 인터넷 서비스를 제공하면서 자연스럽게 고객 데이터를 수집한다. 아마도 세계에서 소비자 데이터를 가장 많이 확보한 회사는 구글일 것이다. 구글은 왜 우리에게 무료로 검색을 하게 해주는가? 검색 단어만으로도 언제 어디서 누가 무엇에 관심을 가지고 있는지 전 세계인의 관심 동향을 손바닥 위에 올려놓고 볼 수 있기 때문이다. 구글은 이렇게 막대한 정보를 가지고 어떻게 돈을 벌 것인지를 고민하고 있다.

그런데 지메일은 왜 무료인가? 초기 지메일 서비스에는 사람들 사이에 오간 메시지 내용을 자동으로 분석하는 기능이 있었다. 예를 들어 "생일 선물로 뭐가 좋을까"라는 메일 내용이 있으면, 메일 답신에 선물로서 적당한 제품의 광고를 끼어서 보냈다. 이 기능이 사용자들을 그야말로 경악케 해서 해당 서비스는 종료되었다. 그래서 이제는 마치 고객의 이메일을 읽지 않는 듯한 인상을 주고 있지만 절대 그렇지 않다.

만약 호텔스닷컴에서 호텔을 예약하고 그 예약 내용을 지메일로 받으면, 나의 구글 캘린더에는 해당 기간에 그 호텔에서 투숙한다는 내용이 자동으로 올라간다. 그리고 구글맵상에도 예약한 호텔이 기간과 함께 표시된다.

유튜브는 왜 무료인 걸까? 무제한으로 사진을 보관하고 편집해주는 구글 포토는 또 왜 무료일까? 구글 입장에서는 전 세계인의 관심과 사진을 확보할 수 있기 때문이다. 페이스북, 그리고 페이스북이 최근에 인수한 인스타그램도 마찬가지다. 나의 일상이 고스란히 다 기록되는 것이다. 전 국민의 문자 통화 내역을 전부 가지고 있는 카카오톡은 또 어떠한가? 모두가 빅데이터를 소유한 진정한 '데주', 즉 데이터 주인들이다.

이제 우리의 일상은 모두 데이터화되고 있다. 사거리를

건널 때마다 도로에 설치된 CCTV와 신호 대기 중인 차량의 블랙박스에 내 모습이 기록되어 데이터화된다. 사실 이 데이터들을 모아서 잘 분석하면 범죄 예방은 물론이고 불법 주차나 쓰레기 투기 등 골치 아픈 사회적 문제들도 해결할 수 있다. 중국에서는 전 국민의 얼굴 사진을 모은 덕분에 콘서트장에서 신나게 음악을 듣고 있던 수배범을 잡기도 했다.

상황이 이렇다 보니 개인정보 보호에 철저한 유럽에서는 2018년 5월 유럽연합 개인정보 보호 규정 GDPR general data protection regulation을 만들고는 바로 7월에 반독점법 위반 혐의로 구글에 43억 4000만 유로의 과징금을 부과했다. 한마디로 말해 유럽에서 생성된 데이터는 유럽을 떠나지 못한다는 내용의 이 법은 상당히 강력해서 위반 시 벌금이 매출액의 3퍼센트까지 된다. 수익의 3퍼센트가 아닌 매출액의 3퍼센트이니 확실히 무시무시한 법이 아닐 수 없다.

아마도 이것은 유럽이 미국에 대항하는 하나의 전략이 아닌가 싶다. 미국이 온갖 서비스를 만들어 세상의 모든 데이터를 대거 흡수하는 현실에 대응한 것일 텐데 아무래도 근본적인 해결책은 아니라고 본다.

나의 데이터는 바로 나의 것

그렇다면 개인정보의 보호는 어떻게 이루어져야 현명한 것일까? 의료 기록에 대해 다시 생각해보자. 병원에서 찍은 엑스레이 사진이나 혈액 검사 결과 등은 병원에 보관된다. 검사 항목, 진단 및 처방은 건강보험공단으로 보내진다. 반면 정작 데이터의 주인공이자 제공자인 우리 자신은 아무것도 가질 수 없다. 물론 요청하면 CD로 받을 수 있지만 나에 대한 데이터를 체계적인 디지털 형태로 확보하지 못한다. 그래서 요즘 새로 관심을 받는 개념이 '마이 데이터my data'다. 이것은 데이터 소유권을 개인에게 주자는 것이다. 즉 다양하게 만들어지는 데이터를 모두 개인에게 귀속시키자는 것이다.

개인은 일상에서 실로 다양한 데이터를 만들어낸다. 병원에서 엑스레이도 찍고, 은행에서 입출금도 하고, 차도 몰고, 휴대폰 앱을 통해 검색, 구매, 촬영, 업로드 등을 한다. 하루 동안 상당한 데이터를 만들어내는데, 그 데이터를 내가 아닌 타자가 소유하게 된다. 휴대폰 통신사도, 물건을 구매한 온라인 쇼핑몰도, 병원, 은행, 증권사 등이 모두 나에 대한 데이터를 소유하고 있는데, 그 데이터를 내가 다

요청해서 받아내자는 것이 '마이 데이터' 운동이다.

정부가 수집한 수입 및 세금 관련 데이터도 모으고, 내 몸과 연동되는 헬스케어 데이터까지 다 모아서 나 스스로가 데이터의 용도를 결정하는 것이다. 그래서 그것을 연구용으로 기부할 수도 있고, 나의 데이터를 필요로 하는 기업에 금전적 보상을 받고 넘겨줄 수도 있으며, 다른 유저와 공유할 수도 있다. 또한 일종의 서비스 딜을 할 수도 있다. 예컨대 나에 관한 의료 기록 데이터를 넘겨주고 그 회사가 개발한 운동, 헬스 모니터링, 의료 추천 앱 등을 무료로 이용하는 것이다. 최근 인기몰이를 하는 자산 관리 앱 뱅크샐러드가 마이 데이터 기반 서비스다.

백화점이나 카드 회사는 고객들의 통신 내역 데이터에 관심을 가지고 있다. 하지만 현재의 법률 체계하에서는 회사끼리 거래하는 것이 금지되어 있는데, 만약 개인이 대가를 받고 허용한다면 이야기는 완전히 달라진다. 프라이버시 문제도 없고, 소비자는 대가를 받아서 좋고, 기업은 원하는 데이터를 합법적으로 확보할 수 있어서 좋다. 사회적으로 의미 있는 곳에 제공함으로써 시민의 역할을 한다는 뿌듯함도 느낄 수 있다.

지금은 여러 기관이 나의 데이터에 대한 저작권을 갖고 있는 현실이지만 내가 생산한 데이터는 나도 확보할 수 있어야 하고 내 맘대로 자유롭게 쓸 수 있어야 한다. 이러한 권리를 주장하는 마이 데이터 운동은 보다 널리 퍼져야 한다. 다행히도 현재 우리나라 정부에서도 관심을 보이고 있으니 어떻게든 추진될 것 같다.

데이터는 신대륙과도 같다. 그 존재를 모를 때에는 좁은 구대륙에서 치열하게 경쟁하고 싸웠지만, 이제 바다 건너 신대륙의 존재를 알게 됨으로써 경쟁 없는 그곳에 가서 새로이 원하는 만큼 땅을 확보할 수 있다. 우리나라에서 생성되는 데이터뿐만 아니라 전 세계 데이터를 대상으로도 가능한 일이다.

빅데이터는 정부나 대기업을 위한 혁신의 수단이기도 하지만 일반 소비자이자 데이터 생산자인 우리에게도 직접적인 도움이 될 수 있다. 빅데이터는 잘 쓰면 약이요 못 쓰면 독이 된다. 우리가 항상 봐야 하는 관점은 이익과 비용이다. 빅데이터로부터 우리가 얻는 이익이 무엇이고 그에 따른 비용이 무엇인지를 이해해야만 정확히 그 실익을 저울질할 수 있다. 무엇보다 내가 만든 데이터에 대해서는 나도 권리가 있다는 주인의식을 가져야 하고, 나에게 그런 권리가 주어졌을 때 그걸 어떻게 사용할지에 대한 판단을 할 수 있어야 한다.

빅데이터의 공익적 가치를 활용해 사
회 혁신을 이루어낸 의미 있는 사례가
있다면?

국내에서 가장 먼저 혁신을 이루어낸 사례는 서
울시 심야버스 노선 결정이다. 심야 통화기지국
위치 데이터, 가입자 주소 데이터, 스마트카드를
통한 택시 승하차 데이터, 노선 부근 유동인구 데
이터 등을 확보해서 융합함으로써 최적의 심야버
스 노선을 결정하여 성공했다. 또한 조류독감의
일자별 확산 데이터를 지도상에 시각화함으로써

독감이 도로를 따라 확산된다는 인사이트를 도출하기도 했다. 그전까지는 조류독감의 원인이 철새이고, 철새가 돌아다니면서 병원균을 옮긴다고 알려졌었다. 그런데 철새가 차량을 타고 도로를 따라 이동하는 것이 아니기에 기존의 생각과 정면으로 배치되는 인사이트가 나온 것이다. 결국, 최초 발병 원인은 철새일지 몰라도 확산은 차량이라는 걸 알게 되었다. 이러한 인사이트를 기반으로 가축 방문 차량의 통행을 금지함으로써 조류독감의 확산 방지에 큰 힘이 되었다.

그리고 네팔의 지진, 시에라리온의 에볼라 바이러스, 파라과이의 뎅기열 등과 같은 자연 재해는 인간과 지역 경제에 큰 재앙으로 작용해 국가 및 국제 사회 자원에 막대한 손실을 초래하는 지구적 재난이다. 이와 같은 자연 재해나 전염병의 손실을 줄이는 데는 무엇보다 초기 대응이 중요하다. 그럴진대 데이터 중심의 재난 대비 노력은 현재 그 성과가 괄목할 만하다. 특히 네팔 오픈 데이터 활동가들은 오픈 데이터를 크라우드 소싱해

지금 당장 도움이 필요한 지역을 정확히 파악하여 가장 효과적으로 구호 노력을 기울이고 있다. 그리하여 도움이 절실한 사람들에게 재빠르게 구호의 손길을 제공함으로써, 이미 확연한 데이터의 힘을 증명한 바 있다.

빅데이터 시대에
어떻게 원하는 것을 얻을 것인가

21세기 4차 산업혁명에서 데이터 사이언스로의 적극적인 참여를 원하는 사람은 자신이 데이터 사이언티스트가 될 것인지, 빅데이터를 이해하는 의사결정자가 될 것인지 정해야 한다. 빅데이터로부터 인사이트를 도출하는 사람이 될 것인가, 아니면 어떤 데이터로 어떤 인사이트를 만들지 기획하는 사람이 될 것인가?

물론 데이터 사이언티스트와 의사결정자 중간에는 빅데이터 분석의 파워 유저이기도 한 시티즌 데이터 사이언티스트도 있다. 즉 의사결정자이면서도 어느 정도 데이터 분석을 하는 사람들이다.

사실상 빅데이터와 인공지능을 기반으로 한 4차 산업혁

명의 성공은 사회 각 분야에서 전문가로 활동하고 있는 의사결정자들의 빅데이터 기획 능력에 달려 있다. 따라서 이들에게는 빅데이터와 인공지능을 포함한 다양한 분석 방법에 대한 이해와 경험이 필수적이다.

데이터 사이언티스트가 되려면 수학, 통계학, 머신러닝, 최적화, 코딩 등 이름만 들어도 무서운 이공계 과목을 대학 4년간 공부하고, 추가로 석사 및 박사 과정에서 2~7년 가까이 연구에 전념해야 한다. 그러나 최근에는 코딩 없이 클릭과 드래그만으로 데이터를 분석할 수 있는 오픈소스 프로그램이 등장해서 최소한의 수학, 통계, 머신러닝만을 공부하고도 웬만한 분석을 할 수 있는 환경이 조성되었다.

사실상 배움의 장벽이 불과 수년 전과 비교해도 엄청나게 낮아지고 있는 것이다. 이제는 전공과 관계없이 관심 있는 누구나 빅데이터 혁명에 능동적으로 참여할 수 있다. 게다가 빅데이터는 누구든지 확보 가능하다. 특히, 데이터는 토지와 같은 한정된 자원이 아니다. 토지를 차지하려면 엄청난 비용을 지불하거나 혁명을 일으켜서 토지 개혁을 하는 방법밖에 없다. 그러나 데이터는 한정된 자원이 아니다. 돈이 많든 적든, 힘이 세든 약하든 누구에게나 데이터를 가질 수 있는 가능성이 열려 있다. 마치 신대륙이 생긴 것과 마찬가지다. 지금의 이 기회를 잘 활용하면 당신도 데이터의 주인이 되지 못할 이유가 없다. 내가 꿈꾸는 세상을 만드는 기획, 바로 우리 자신이 할 수 있는 것이다. 어떠한가, 여러분도 한번 도전해보고 싶지 않은가?

KI신서 8317

세상을 읽는 새로운 언어, 빅데이터

1판 1쇄 발행 2019년 8월 28일
1판 14쇄 발행 2024년 4월 17일

지은이 조성준
펴낸이 김영곤
펴낸곳 (주)북이십일 21세기북스

서가명강팀장 강지은 **서가명강팀** 박강민 서윤아
디자인 THIS-COVER
출판마케팅영업본부장 한충희
마케팅2팀 나은경 정유진 백다희 이민재
출판영업팀 최명열 김다운 김도연 권채영
제작팀 이영민 권경민

출판등록 2000년 5월 6일 제406-2003-061호
주소 (10881) 경기도 파주시 회동길 201(문발동)
대표전화 031-955-2100 **팩스** 031-955-2151 **이메일** book21@book21.co.kr

(주)북이십일 경계를 허무는 콘텐츠 리더

21세기북스 채널에서 도서 정보와 다양한 영상자료, 이벤트를 만나세요!
페이스북 facebook.com/jiinpill21   **포스트** post.naver.com/21c_editors
인스타그램 instagram.com/jiinpill21   **홈페이지** www.book21.com
유튜브 youtube.com/book21pub

서울대 가지 않아도 들을 수 있는 **명강**의! <서가명강>
유튜브, 네이버, 팟캐스트에서 '서가명강'을 검색해보세요!

ⓒ 조성준, 2019

ISBN 978-89-509-8273-7 04300
      978-89-509-7942-3 (세트)